편의점
성공기법
33

일러두기

- 이 책의 원제는 '세븐일레븐의 발주력'이지만 편의점 운영 전 부문의 기법을 상세하게 안내하고 있기 때문에 '편의점 성공기법'으로 통칭하였음을 밝힙니다.
- 일본의 시장과 한국의 시장은 차이점도 많고 공통점도 많습니다.
  이를 감안하여 한국 편의점의 운영에 활용할 수 있도록 작업하였습니다.
- 매상, 엔, 도시락 상품의 일본식 명칭 등을 최대한 원문에 충실해 번역했음을 밝힙니다.

계 1등 세븐일레븐의 「발주력」

편의점 성공기법 33

시노다 요지(信田洋二) 저 손대홍 역

시작하며

소매업에 종사하는 모든 이들에게

소매업은 업태간 서로의 경계를 넘으며 경쟁이 격화되고 있다. 도시에서도, 주거지역에서도, 편의점과 슈퍼마켓, 드럭스토어 등이 그 경쟁에 뛰어들어 자신들의 점포와 매출확대에 사활을 걸고 있다.

쇼핑할 곳이 늘어나는 고객의 입장에서는 기쁜 일이지만, 치열한 경쟁에 직면한 소매업 입장에서는 생존을 걱정해야 하는 위기라고 할 수도 있다.

이처럼 모든 업계가 저절로 거래가 이루어지는 시대가 아니다. 국경을 넘어선 경쟁 속에서 살아남기 위해서는, 어떤 업태라도 자신들의 점포 구색을 고객의 니즈에 어떻게 부합시킬 것인가를 끝없이 고민해야 한다. 여기에서 요구되는 것이 바로「발주력」이다. 매일의 구색을 결정하는 발주의 정확도를 끝없이 지속적으로 높여가는 것이 경쟁력의 핵심인 것이다.

하지만 발주만큼 어려운 일은 없다. 올바른 정보를 수집해서 충분히 검토를 한다 해도, 미래 고객의 심리를 예측한다 해도, 이를 구색에 적절하게 반영한다는 것은 고도의 기술이 필요한 어려운 일이기 때문이다.

이러한 발주력을 고집스럽게 지켜온 곳이 편의점 업계의 최강자 세븐일레븐이다.

편의점은 낭비적 요소를 최소화해서 매장의 효율을 철저하게 추구하는 업태라고 할 수 있다. 일본의 세븐일레븐이 전국에 약 1만8000점의 규모까지 성장하게 된 배경에는 고객과 발주에 대해서 숙고하며 효율과 효과를 최대화시키는 일관된 대처가 있었다고 할 수 있다.

이 책은 일본 세븐일레븐으로부터 발주의 무서움과 흥미로움, 그리고 발주를 통해서 상품을 생각하는 중요성을 배운 필자가 소매업에 종사하는 모든 이들에게 바치는 책이다. 또한, 소상권의 경쟁이 더욱 치열해지는 가운데 본부 주도의 구색을 갖춰온 슈퍼마켓과 드럭스토어 등의 체인스토어에 개별 점포별 상권 대응과 발주의 중요성을 묻고자 한다고도 할 수 있다.

발주는, 분명히 어려운 일이다. 하지만 고객의 신뢰를 얻기 위해서는 피할 수도 없는 일이다. 독자 여러분이 다시금 발주의 중요성을 깨달아 자신의 점포를 고객 맞춤형 구색으로 실현할 수 있다면 더할 나위 없이 기쁠 것이다.

Believe-UP 대표 시노다 요지

옮긴이 서문

어떤 불황도 넘어설 수 있는 방법이 있다

국내 소매업계의 오랜 불황 속에서도 비교적 빠른 속도로 성장을 해온 업태가 바로 편의점이다. 2016년 대비 2017년 우리나라의 편의점 시장규모는 1년새 무려 18.6%를 성장하며 20조원을 넘어섰으며, 대도시는 물론 지방 소도시, 심지어는 농촌의 구석구석까지도 편의점이 보이지 않은 곳이 없을 정도로 급속한 속도로 늘어 왔다. 2018년 7월 기준 국내 편의점 수는 41,173개에 달해 인구 1,198명 당 편의점 1개로 추정되고 있다. 이는 인구 대비로는 편의점 왕국인 일본을 훨씬 앞지르는 숫자이다.

하지만 이러한 양적 성장에 비하여 내실은 따라가지 못하는 것이 현실이라고 할 수 있다.

최저임금의 가파른 상승으로 점주들은 인건비 때문에 적자에 가까운 운영이라며 편의점을 상징하는 24시간 영업의 포기와 심야영업 중단을 공공연히 이야기하고 있으며, 지나친 경쟁으로 인하여 점포당 매출은 계속 하락하고 있다고 어려움을 호소하기 시작했다.

일본의 경우는 우리보다 더 오랜 시간의 불황을 경험을 해왔지만 각종 지표를 볼 때, 일본의 편의점은 아직도 타 업태에 비해서 경쟁력을 갖추고 있다고 할 수 있다.

그렇다면 일본의 편의점이 전체적인 소매시장의 불황 속에서도 이처럼 경쟁력을 유지할 수 있는 원인은 무엇일까? 결론적으로 이야기한다면 다른 소매업태와 비교하여 고객의 니즈를 가장 정확하게 읽어 가장 빠르게 대처하고 있기 때문이 아닐까 싶다. 특히 이 책에서 저자가 소개하는 일본 세븐일레븐의 경쟁력은, 본사의 노력도 중요하겠지만 결국은 점주의 노력에서 나온다는 것이 보다 올바른 표현이라고 할 수 있다.

물론 모든 소매업은 고객이 원하는 것을 제공하기 위하여 많은 노력을 하고 있으며 모든 오프라인 소매업이 고객 니즈에 대응한 상품구성을 점포에 실현하려는 목표를 갖고 있지만, 솔직히 대부분의 소매업체가 고객의 니즈보다는 자신들의 업무효율을 우선하고 있다고 생각된다.

특히 IT 기술의 발달로 빅데이터의 수집과 활용이 비약적으로 발전하여 고객의 구매 행태는 물론 생활습관까지도 알아내서 상품의 구매와 개발 등으로까지 연결하는 첨단의 소매 기법을 선보이고 있는데, 기본적으로는 본사가 갖고 있는 구매, 영업, 물류 등의 시스템을 중심으로 사업이 전개되다

보니, 아무리 고객을 위한 철학을 갖고 있는 기업이라고 해도 고객 중심의 구색보다는 본사 MD 중심이 보다 현실적이라고 할 수 있다.

하지만, 편의점은 다른 소매업태와는 달리 점포가 고객 중심의 구색을 유지하기 위한 원칙에 소홀하다면 아주 빠른 시간에 도태될 수밖에 없는 특징을 갖고 있다.

고객 중심과 본사의 MD 중심은 '고객이 원하는 것의 제공'과 '고객을 위한 것의 제공'이라고 표현할 수 있을 만큼 큰 차이가 있다. 국내 편의점 시장이 작지 않은 규모임에도 불구하고 일본 편의점 시장 대비 상대적으로 어려움을 겪고 있는 이유도 이러한 원칙의 이해와 실천의 문제에 그 이유가 있지 않나 하는 생각을 하게 된다.

타 업태도 그렇지만, 우리는 입지에는 많은 관심을 갖고 입지의 중요성에 대해서 인식을 하고 있지만 실제로 입지의 고객 특성에 대한 대응은 소홀한 편이다.

이 책에서 저자는 편의점 점주와 해당 점포의 관계자들이 자신들의 입지 특성을 이해하고 이에 대한 대응을 어떻게 해야 경쟁력 있는 점포를 만들

수 있는가를 설명하고 있다. 일본 세븐일레븐의 경쟁력도 그러한 점주들의 노력을 본사가 뒷받침하고 있기에 가능함을 이야기한다.

일본 세븐일레븐은 다른 소매업태를 제치고 편의점이 일본 소매업의 주역이 되도록 만든 일등 공신이라고 할 수 있다. 저자는 일본의 편의점이 매일의 고객 변화에 대응하기 위하여 때로는 몇 시간 단위로 고객 움직임에 대응하는 발주로 편의점이 갖는 기능과 가치를 극대화하고 경쟁력을 지속적으로 유지하고 있음을 구체적인 사례를 통하여 설명해주고 있다.

일부 내용이 한국과 일본의 상품 및 사회문화적 차이에 따라 우리의 소비 여건과는 다소 차이가 있으나 소매업과 편의점의 기본적 흐름은 다르지 않다고 생각한다.

따라서 이 책이 편의점 본사의 관계자는 물론이고 점포의 점주를 포함한 종사자들에게 편의점이 가져야 할 기본적인 기능과 역할의 핵심, 그리고 그 해결방법에 도움이 되길 바란다. 특히, 저자가 경험한 실패 원인의 분석과 개선 과정을 통한 사례는 많은 도움이 될 것이다.

이제부터라도 편의점 점주들은 자신의 점포에 대한 입지적 특성을 이해하고 상권의 고객 니즈를 계절별, 월별, 주별, 일별, 그리고 시간대별로 사전에 파악한 발주와 때로는 돌발적 상황까지 대처하는 발주로 고객 중심의 점포를 만들 수 있게 되길 기대한다. 그렇게 된다면 소매업 종사자의 한 사람으로서 번역에 대한 보람을 찾을 수 있을 것 같다.

2019. 1월 손대홍

목차

[제1장] 편의점의 「발주력」

01 발 주 력 편의점이 진화시킨 기술 16

02 환경변화 경쟁과 상품이 발주를 바꾼다 26

[제2장] 발주의 매니지먼트

03 기본4원칙 발주력의 전제가 되는 원칙 34

04 단품관리 편의점 발주의 출발점 40

05 정보수집 올바른 가설 · 검증의 필수조건 45

06 가 설 장사의 묘미는 여기에 있다 72

07 매장전개 매장의 판매가 바뀌고 있다 80

08 검 증 일희일비하지 않고 문제를 직시한다 90

[제3장] 사례로 배우는 「발주개선」

09 발주개선 여건을 확인하고 정확도를 높인다 94

10 케이스1 시간대별 고객조사로 개선 99

11 케이스2 발주분담으로 정확도를 높인다 107

12 케이스3 시간대별로 상위상품을 활용한다 117
13 케이스4 가설에 기반한 발주의 변화 119

[제4장] 「발주력」 향상 포인트
14 10계명 요점을 파악해서 발주력을 높인다 122
15 발주분담 한 사람이 상품을 담당할 수는 없다 134
16 자동발주 정기적인 체크가 중요하다 146

[제5장] 카테고리별 「발주력」 핵심
17 도시락 시간마다 변화하는 고객 취향에 대응 155
18 조리면 추석을 넘어서며 기호가 바뀌는 데 주의 158
19 FF 어묵 즉석 제공의 준비 포인트 3 160
20 일배상품 저녁과 밤 시간대는 다음날 아침식사를 의식할 것 163
21 유제품·디저트 냉장음료는 구색 넓혀 연결 판매로 유도 165
22 빵·페스추리 단품관리로 핵상품을 만든다 166
23 드링크 POS 데이터로 인기상품을 재검증 168

목차

24 빙 과 류 일기예보를 끝까지 체크할 것 170

25 과 자 주요 고객층은 카테고리 조절로 관리 173

26 초 콜 릿 계절상품은 단숨에 준비 175

27 사탕 · 스낵 상품의 기능을 이해하고 발주 176

28 100엔 과자 외 매대 확장과 축소가 쉬운 특징 활용할 것 177

29 가 공 식 품 조미료와 지역상품 중량에도 주의할 것 179

30 주 류 확실한 정보전달로 니즈를 찾아준다 182

31 계 절 잡 화 계절의 시작 타이밍에 재고를 확보한다 185

32 문구·펫 용품 매대를 한 면으로 구성 알기 쉬운 매장으로 187

33 연 말 용 품 타이밍을 맞춰 권장판매하기 190

제 1 장

편의점의 「발주력」

발주력

편의점이 진화시킨 기술

포인트 3

① 발주력의 3요소는「정보」「상품 선정」「매장 전개력」

② 인프라의 확립이 발주력을 지탱한다.

③ 슈퍼마켓은 편의점의 상권대응을 본받아야 한다.

리드타임을 최소화 한 편의점

편의점의「발주력」은 다음 3가지 요소로 성립된다.

① 모든 정보를 활용해서 변화하는 고객들의 니즈[1]를 끝까지 확인해 내는 힘

② 강화해야 할 상품에 대한 목표를 세워 판매해 내는 의지

③ 가설에 기반한 구색을 매장에 전개하는 힘

위 3가지가 합쳐지며 발주력이 최대화된다.

편의점은 왜 발주력을 계속해서 고집하는 것일까. 그것은 편의점이 취급하는 상품에 기인한다.

편의점에서 취급하는 상품은 현재 3,000 품목을 넘어서고 있다고 한다. 과거에는 고객의 대부분을 남성들이 차지해 왔으나, 해가 지날수록

도표① 편의점의 발주력과 그것을 지탱하는 것들

여성과 시니어들의 이용이 증가하고 있다. 이러한 변화를 받아들여 새로운 고객들의 이용을 늘리기 위해서, 생활수요를 충족시키는 구색을 늘려가고 있는 것이 아이템 증가의 배경이다.

그런 가운데, 편의점이라는 업태를 특징 짓는 상품이 도시락과 간편식 등 「델리 상품」으로 불리는 상품군이다. 이 상품군은 날짜와 시간대별로 관리되는 선도가 짧은 상품들이다. 날씨와 기온변화, 지역 행사 등

1_니즈(Needs) 서비스나 상품 등의 고객의 원하는 것을 뜻하는 소매업 용어.

에 따라 판매추이가 크게 바뀌게 된다.

장마가 잠시 멈춘 사이, 그때까지 거의 팔리지 않았던 냉면의 매출이 갑자기 움직임을 보이며 팔리고는 한다. 미묘한 환경변화에 의해 고객의 기호와 니즈가 바뀌고 판매추이가 변화하는 것이다.

이러한 니즈의 변화를 재빨리 포착해서 그것을 단시간 내에 구색에 반영하기 위하여 편의점에서는 발주부터 납품까지의 리드타임을 최소화하는 노력을 계속해 왔다. 일배상품은 발주마감으로부터 납품까지의 시간이 짧아서 길어도 10시간을 넘지 않는다.

점포가 발주력을 최대화하기 위해서는, 공장이 해당 상품의 제조를 완료하고 정해진 시간에 상품을 점포에 도착시키는 물류 시스템이 필요하다. 이 중 하나만 빠져도 발주력은 충분히 발휘되지 못한다.

생산과 물류를 배경으로 리드타임의 최소화를 실현한 것은 편의점 사업 모델의 커다란 특징이며, 그것을 가능하게 하는 발주기술의 진화는 편의점에 있어 필연적인 요소가 된다.

세븐일레븐의 경쟁력을 뒷받침하는 「발주력」

한 가지 예를 보자. 세븐일레븐의 기동력 있는 발주력을 보여주는 사례이다.

그 해의 장마는 장마철의 낮은 기온으로 20℃ 전후의 날씨가 계속되면서 그 지역 세븐일레븐 점포의 레토르트 냉면 재고수량이 10개가 채 되지 않았다.

그러던 어느 날, 오전 중의 발주마감 때 기온이 24℃가 되고 날씨도 맑을 것이라는 다음날의 일기예보가 있었다. 그런데 저녁 무렵이 되자, 다음날 기온이 29℃로 오르고 맑은 날씨가 된다는 예보로 바뀌게 되었다. 더운 날씨가 될 가능성이 높아지면서 그 점포는 발주 내용을 추가 수정해 다음날 오전 중의 레토르트 냉면 재고를 한번에 70개로 늘리게 되었다.

같은 지역 다른 체인점들의 재고는, A체인점 40개, B체인점 5개였다. 세븐일레븐만 완전히 다른 발주를 하였던 것이다.

그 결과 판매수량은 압도적으로 차이가 날 수밖에 없었다. 세븐일레븐의 40개 판매에 비해서 A체인점은 20개, B체인점은 판매수량 0이라는 결과가 나왔다.

세븐일레븐 점포에서는 날씨 · 기온의 변화에 따라 발주를 끝까지 수정하며 최대한 맞추어 갔다. 타이밍에 맞게 발주량을 늘렸던 것이다. 그렇게 늘어난 발주량에 대하여 제조업체의 공장도 적극적으로 대응했다. 다음날 10시 30분까지의 진열에 차질이 없도록 상품이 운송되었고, 바로 40개의 판매가 실현될 수 있었던 것이다.

이 사례에서 알 수 있는 중요성은, 70개의 발주가 40개의 판매를 가능케 했다는 점이다. 다른 체인점이 세븐일레븐의 판매수량에 미치지 못한 것은 이 발주량의 차이에 있었기 때문이다.

날씨와 기온의 변화에 따라 고객의 기호가 바뀌게 되는 것을 가정한 뒤 그것을 절호의 판매 찬스로 잡아 기동력 있게 발주량을 대폭 늘린 곳이 세븐일레븐이었다. 세븐일레븐은 장마가 잠깐 멈춘 사이에도 발주를 몇 회나 더해 가면서 조리면의 최대 피크 시점인 장마가 걷히는 날을 대비한 것이다. 장마가 잠시 멈추었을 때에도 제한된 찬스를 살려 자기 점포의 최대 탐색하면서 그것을 어디까지 높일 수 있을까 판단해야 한다. 장마가 걷히는 날을 겨냥한 가설 · 검증의 반복이 세븐일레븐의 발주력인 것이다.

실제 세븐일레븐은 편의점 각 기업 중에서도 압도적인 경쟁력을 보여주고 있다. 지금도 전국 1만8000개의 점포로 일컬어지는 거대한 체인을 전개하며 전용 공장으로부터 공급되는 오리지널 상품의 상품력과 함께 점포 한곳 한곳의 발주력과 운영능력이 성과를 구현하고 있는 것이다.

슈퍼마켓은 상권을 제대로 보고 있을까

세븐일레븐의 발주력은 상권의 이해와 기동력의 관점에서 다른 업태에 앞서고 있다. 그렇다. 세븐일레븐의 발주력이라고 해도 좋다.

슈퍼마켓 점포에서는 매입하는 조리면의 리드타임이 1일이 아니고 2일이라서 「날씨와 기온의 급격한 변화에 대응이 불가하다」는 소리를 자주 한다. 그저께보다는 어제의 일기예보가 그 정확도가 높다는 것은 당연하지만, 현재의 구조로는 날씨와 기온의 급격한 변화에 대응하기가 어려울 것이다.

만일 사전에 기온이 높아지는 것을 알 수 있다면 급조를 해서라도 식품 부문의 건면이나 장국을 엔드 쇼케이스에 대량 진열해야 하는 것이 당연하다. 과연 이러한 대응이 가능할까? 리드타임의 조건을 조금이라도 완화할 수 없을까? 점내 조리하는 방법에 대한 가능성은 없을까?

이런 것들은 본부의 검토가 필요하지만 식품 부문의 매장 변경은 점포에서나 가능한 것이다. 투입하는 노동시간과 생산성의 문제로 인하여 간단하게 추진할 수는 없지만 날씨와 기온에 기민하게 대응하는 편의점과의 차이점은 명확하다.

발주 담당자의 차이도 있다. 본부와 가맹점의 경영방식이 서로 다른 프랜차이즈 비즈니스라는 특수성은 있지만 슈퍼마켓에 있어서도 발주 권한과 책임이 어디까지 점포에 위임되는가가 중요하다. 왜냐하면 상권의 환경을 가장 잘 알고 있는 것은 점포이기 때문이다.

과연 슈퍼마켓에서는 주변 상권을 십분 이해하고 최적의 구색을 실현하고 있을까? 지역의 날씨와 기온, 점포 주변의 행사 등을 근거로 고객의 변화 니즈를 수용하고 있을까? 결과에 대해서 검증할 자세가 되어 있을까?

작업효율 측면에서 뛰어난 점은 있지만, 자동발주 시스템은 날씨와 기온 등의 급격한 변화에 대응하기에 한계가 있다. 본부 주도로 구색을 결정해서 자동발주로 상품이 공급되고 점포는 그것을 보충하는 역할만 하는 경우로는 고객의 니즈에 세밀하게 대응하기가 어려운 것이다.

이에 반해 편의점에서는 발주에 점포와 사람이 크게 관련되어 있다.

편의점에서는 자동발주의 대상 카테고리가 넓은 편이기는 하지만 정기적으로 발주 기준을 변경한다. 보충해도 되는 상품은 극히 일부로 사람의 손을 빌어 발주하고 있다. 그것이 되지 않으면 기회 로스(loss)[2]와 폐기 로스[3]가 늘어나기 때문이다.

점포가 상권을 가장 잘 알고 있다

구색과 매장구성도 중요하다.

편의점에서는 전철역 앞의 점포라도 승차역과 하차역으로 구색과 매장을 구분하고 있다.

껌을 예로 들면, 승차하는 이용객이 많은 전철역에서 가까운 점포는 고객들이 플라스틱 포장용기에 담긴 껌을 구입하는 경우가 적은 편이고, 반대로 휴대하기가 쉬운 껌의 니즈가 높다. 또한 상품을 고르기 편하게 매장을 구성해야 하고 스피디한 계산대 운영이 더욱 중요해진다.

반대로, 하차 승객이 많은 전철역으로부터 가까운 점포는 고객의 상당수가 전철에서 내려 목적지를 향해 걷는 일밖에 없기 때문에 자신이 근무하는 사업장에 비치해놓고 상시로 이용할 수 있는 용기에 담긴 껌의 니즈가 높은 편이다. 당연히 그것을 고객의 눈 높이에 진열하는 선발할당이 포인트가 된다. 승차를 위해 전철역으로 가는 고객에 비해서 상품을 고를 여유가 있어서 구색의 폭을 넓게 갖추는 것도 중요할 것이다.

마찬가지로 시니어 이용객이 많은 점포와 젊은 층, 가족이용 고객이 많은 점포도 각기 구색이 달라야 한다. 껌을 예로 들면, 고령자들은 치아 상태가 좋지 않은 사람들이 늘어나게 되어 단단한 정제 껌에 대한 니즈는 줄어들게 된다. 고령자의 경우는 부드러운 판형 껌이 적절하다. 젊

도표② 입지 등에 따라 바뀌는 껌의 니즈

조건	분류	적절한 상품	니즈의 변화
입지	승차역에서 가까운 점포	휴대성이 뛰어난 껌	상품을 고르기 편한 매장구성과, 스피디한 계산대 운영이 중요함
	하차역에서 가까운 점포	비치용 병입 껌	하차 후, 걸어서 회사를 향하는 곳만. 상품을 고르는 여유도 있어 구색의 폭을 넓힘.
객층	시니어 고객이 많은 점포	판 껌	친숙한 상품, 치아 상태가 좋지 않으므로 판 껌이 좋음.
	젊은 고객이 많은 점포	자극이 강한 껌	자극을 선호하는 젊은 층의 특징임.
계절	초봄	민트 계열 껌	졸음을 쫓기 위하여 자극이 강한 껌을 찾는 경향이 강함.
	겨울	단맛의 껌	기온이 떨어지면서 단것을 찾는 니즈가 높아짐.

은 층이 많은 지역에서는 자극이 강한 상품을 중심으로 구색을 해야 하는 것이다.

또한, 계절에 따른 변화도 요구된다. 초봄은 화분증[4] 대책과 졸음방지를 위해서 자극이 강한 민트 계열의 껌이 선호된다. 겨울은 단맛의 껌 판매가 늘어난다.

2_**기회 로스** 구매량을 줄임에 따라 결품이 생겨 고객이 상품을 구매하지 못하여 발생하는 손실.
3_**폐기 로스** 유통기한을 넘어 가는 재고로 상품을 폐기하면서 발생하는 손실.
4_**화분증** 주로 봄에 꽃가루에 의해서 발생되는 알레르기 질환.

이렇게 주변 상권의 차이에 맞게 대응하는 것에는 본부주도의 구색과 선발할당[5]으로는 한계가 있을 수밖에 없다.

또한 전단 특매는 슈퍼마켓의 일반적인 판촉방법이지만, 특매라고 해도 상품이 완판되는 경우는 크게 줄어 들고 있다. 체인들간의 경쟁 결과, 어느 정도 강력한 특매 가격을 설정해도 특매 후에 남게 되는 재고는 어쩔 수 없이 발생하는 것이다.

그 결과, 특매 재고 상품을 원래 판매 위치로 다시 진열하게 되면서 정상 판매 상품의 진열 스페이스가 줄어들게 되고, 결국 고객 니즈가 적은 불규칙한 상품 구색과 비효율적 매장 구성이 되어버리는 것이다.

특매 행사 후 재고가 발생되는 경우에는 한번, 후방의 창고에 이르기까지 매장을 정상판매매장의 조건으로 다시 구성하고 특매재고상품을 빼서 점포간 이동 등을 시도해 봐야 할 것이다. 그것이 어렵다면 슈퍼마켓이 가진 종합적인 힘을 잃게 될 수 있다.

점포 수가 증가하는 상권일수록 그 지역에 거주하는 거주자들을 위한 점포가 되도록 하는 것이 중요하다. 고객들이 자신의 점포에 무엇을 찾기 위해 내점하고 있는가를 당연히 알아야 하는 것이다. 그것을 위해서는, 가장 상권을 세밀하게 알고 있는 해당 점포에게 발주와 구색, 선발할당 등의 권한과 책임을 부여할 필요가 있다. 최적의 구색 목표 완수를 고집하지 않고 항상 고객의 변화를 가정해서 상품 구색을 끊임없이 바꾸고 맞추어 가는 것이 소상권화[6] 과정에서는 중요하다.

편의점이 소상권에서는 우위에 있다

편의점이 증가하면서 슈퍼마켓이 편의점과 경쟁하는 모습도 늘어나고 있다. 앞으로 더욱 가파르게 진행될 인구감소와 고령화를 생각하면 서로간의 고객 쟁탈은 보다 격해질 것이다. 특히 지방의 경우는 더욱 심각하다. 인구감소와 동반하여 대형 점포의 유지가 어려워지는 한편 프랜차이즈 사업의 가맹점이 주체가 되는 보다 섬세한 손길의 편의점이 우위에 서게 되는 현상이 강해지고 있기 때문이다.

그런 때에 슈퍼마켓은 어떤 방법으로 고객의 발길을 자신들의 점포로 돌려 놓을까? 지금까지의 방식으로는 그것은 어려운 일이 될 수밖에 없다.

편의점은 오랜 기간 쌓인 경험에 의해서 소비자의 기호변화를 민감하게 받아들이는 구조를 갖고 있다. 그것은 편의점의 역사이며 세븐일레븐의 역사라고 말할 수 있다. 예상되는 변화에 대해서 어떤 대응이 요구되는지, 그것을 논리적인 동시에 실천 가능한 것으로 바꿔놓는 것이 중요하다. 이러한 힘이 뒷받침되지 않으면 편의점이 슈퍼마켓에 패배하는 날도 올 수 있을 것이다.

5_선발할당 매장의 상품을 적정수량과 진열위치에 따라 배분하는 계획.
6_소상권화 반경 1~2km 정도로 상권이 점점 협소해지며 이에 따라 고객 대응도 보다 세밀해지는 것을 뜻함.

환경변화

경쟁과 상품이 발주를 바꾼다

포인트 3

① 판매 수량 기준만으로는 인기 없는 상품이 늘어나 매장 유지가 어렵다.

② 고객층이 확대됨에 따라 여성과 시니어를 의식한 발주가 중요하다.

③ 권장상품 도입이 많아지면 적절한 구색이 어렵다.

지금이야말로 「발주력」이 요구된다

편의점의 「발주력」은 최근 들어 더욱 중요성이 강조되고 있다.

소상권화 진행과 경쟁환경의 변화, 고객과 마켓의 확대로 인해 자기 점포의 주요 고객층을 겨냥한 최적의 구색과 매장전개의 필요성이 전에 없이 높아지고 있기 때문이다.

발주를 둘러싼 환경과 과제의 변화에는 6개의 중요한 포인트가 있다.

① 인기상품 중심의 사고방법을 확대

② 고객층의 확대

③ 점주의 발주권한과 책임

④ 선도유지 기간이 긴 상품의 도입

도표③ 발주를 둘러싼 6가지 과제

주요 포인트	주요 대응
판매수량 기준으로는, 인기없는 상품의 증가로 매장유지가 어려움	종래의 ABC분석에 의한 구색으로는 인기없는 상품이 늘어나서 매장을 채우기가 어려움. 기능성과 이용에 대한 니즈의 매트릭스(구조)로부터 기능상의 결함이 없는가를 확인함과 동시에 정상판매상품의 구색을 유지하면서 신상품 확대를 계획하는 것과 같이 발주의 사고방식이 중요해지고 있음.
고객층의 확대가 진행됨에 따라 여성고객과 시니어고객을 의식한 발주가 중요함	새로운 고객층에 기반한 발주가 중요. 가정의 식사를 준비하는 주부고객층은 구입하고자 하는 상품을 살 수 없게 되면 구매 자체를 미루어버리는 경향이 있음. 편의점에서 대체가 가능한 아침식사 관련 상품 등은 구색을 확보해야 할 필요가 있음. 시니어고객은 좋아하는 상품이 고정되어 있기 때문에 그 구색을 유지해주는 것이 중요함.
권장상품 도입이 많아지면 자기 점포만의 적절한 상품구색이 어려움	경영지도에 의한 권장상품 도입을 우선시 하는 수퍼바이저(SV)가 늘어나면서 C타입계약[7] 가맹점이 다수를 차지하게 됨에 따라 가맹점에 발주책임이 지워지고 있음. 자신의 점포 고객층과 니즈를 근거로, 권장된 상품이 자신의 점포에 반드시 요구되는 상품인가를 시시비비를 따져 판단할 필요가 있음. 그렇지 않으면 고객의 지지는 높아지지 않음.
선도유지 기간이 긴 상품이 확대됨에 따라 종래의 발주방법으로는 대응이 어려움	특히 냉장도시락은 관리온도대와 판매기간 차이의 관점이 아닌, 도시락 상품의 하나로서 고객의 니즈에 대응한 구색과 발주를 시행할 필요가 있음. 선도유지기간이 긴 상품은 냉장상품과 냉동식품에 중복구색이 되더라도, 상품 특성을 이해하고 그것을 고객에게 전달하는 것이 중요함.
일별 매출증가가 어려운 가운데 구색의 축소균형 리스크가 높아짐	일별 매출증가가 어려운 가운데 판매수량이 발주량에 미치지 못해 다음 발주수량이 위축되면 축소균형 메커니즘이 강하게 작동될 가능성이 높음. 발주수량의 결정과 결과로서 판매수량에 대하여 그 이유를 명확하게 하는 것으로 축소균형에 빠지는 리스크를 최소화할 수 있음.
발주기준의 재검토 등 자동발주를 제대로 활용하기	드라이 그로서리(상온 식품)와 담배, 일부의 일배식품 등에 자동발주를 도입할 수 있게 되었지만 효과적으로 활용되지 못하는 경우가 많음. 발주기준에 미치지 못했을 때 발주가 되는 등 발주의 이유를 재확인함과 동시에 1개월에 1회는 발주기준의 재검토를 해야 함.

7_C타입계약 가맹점 일본 세븐일레븐의 가맹시스템으로, 점포의 토지・건물을 세븐일레븐이 제공하는 가맹점을 뜻함.

⑤ 축소균형 메커니즘에 대한 대응

⑥ 자동발주의 활용

인기상품 중심의 사고방법에 대해서는, 고객층 확대와 타 업체와의 경쟁에 수반해서 종래의 ABC 분석적인 사고방법으로는 인기 없는 상품이 늘어나게 되어 매장유지가 어려워진다.

특히, 냉동평대 쇼케이스와 곤도라 높이의 상향 등에 의하여 매장 공간은 확대되는 추세가 보인다. 하지만 주간 단위로 팔리지 않는 상품을 단순하게 커트해 버리는 방법으로는 진열 면적만 무의미하게 늘린 매장이 되어 버리고 상품 재고가 충분하지 않은 상품 부문이 늘어나게 된다.

이 문제에 대해서는 자기 점포의 고객층과 고객 니즈를 근거로 상품 매트릭스 상의 부족함을 방지함과 동시에 정상 판매 상품의 구색을 확보하는 것으로 대처한다.

또한, 팔리는 속도가 빠른 상품의 구색 폭을 넓히는 것 등으로 최적의 구색을 다시 구축해서 그것을 원칙으로 발주해야 한다.

예를 들어 남성 관련으로는, 상품회전이 빠른 세안용 물티슈 등의 소모품을 확대한다. 드럭스토어와 슈퍼마켓의 가격과 구색에 주의해서 리필용 세제의 구색도 강화해야 하는 것이다.

고객층 확대에 대응해서 발주에 역점을 둔다

②의 고객층 확대에 대응에서는 특히 여성 고객과 시니어 고객을 겨

냥해서 고객층별로 구매 스타일을 고려해보는 것이다.

여성 고객과 주부 고객에 대해서는 가정의 조리 수요를 충족하는 상품 구색과 발주를 하도록 한다.

예를 들어, 여성 고객이 구매를 하는 경우, 필요한 상품이 하나라도 없으면 다른 상품도 사지 않은 채 돌아서버리는 경향이 있다. 양식 아침식사를 고려한 상품구성이라면 식빵, 샐러드용 야채 간편식, 우유, 베이컨 등은 반드시 갖추어야 할 구색이다.

한편, 시니어 고객들은 지금까지 계속 구매해온 상품을 선호하는 경향이 있다. 자기 점포를 자주 이용하는 특정 고객에 대해서 적절한 구색을 유지하는 것이 고객층 확대와 정착을 촉진하는 것이 된다.

선도유지가 긴 상품과 매장의 일체감이 중요

③의 점주 책임에서는, 체인의 과점화와 동반한 본부의 역할이 강해지고 있지만 지역별로 점포를 담당하는 수퍼바이저(SV)가 강하게 권장을 했더라도 최종적으로는 점주 자신이 자기 점포의 조건을 고려해서 상품 도입에 대한 판단을 내려야 한다.

그렇게 하기 위해서는 점주 자신이 상품력을 판별하는 능력을 갖는 동시에 같은 지역에 있는 동일 체인의 점포와 다른 경쟁 점포의 판매상황 등에 관한 정보를 수퍼바이저에게 협조받을 수 있도록 요청하는 것도 중요하다.

일 매출액이 낮은 점포일수록 상품을 선택하는 안목이 필요하지만 매출액이 높은 점포에서도 애매한 상품 선택을 하는 경우에는 자기 점포를 이용하는 고객의 지지를 잃게 될 수도 있다.

④의 선도가 긴 상품 도입에서는, 상품 보존 기간이 긴 냉장판매 도시락 등이 늘어나고 있지만, 관리 온도대와 판매 기간의 차이는 고객에게 있어서 전혀 상관없는 일이라는 것을 인식해야 한다.

신선한 야채 등을 사용하는 냉장판매 도시락 등은, 단지 폐기 로스를 줄이고 매장의 볼륨감을 유지하는 상품으로서만이 아니라 20℃ 온도대로 진열하여 판매되는 상온판매 도시락을 포함한 모든 도시락 상품의 하나로서 그 상품특성과 수요에 대응한 발주를 해야 하는 것이다.

또한 냉장판매 도시락은 20℃ 온도대의 상온판매 도시락과 발주 그룹이 달라 도시락 전체를 내다보는 발주 시점이 중요하다. 판매기간이 길어서 상품의 선입 선출이 철저하게 이루어지게 하고 20℃ 온도대 상온판매 도시락 이상으로 며칠 앞까지의 날씨 · 기온 정보에 민감해야 한다.

⑤의 축소균형 메커니즘의 대응에서는, 경쟁 점포간 경쟁격화로 매출의 확보가 어려워짐에 따라, 발주량 감소→매출감소→발주감소의 흐름이 강해진다. 판매수량 감소에 따라 발주하는 양을 줄이게 되고 다시 판매수량이 감소하게 되는 악순환이 일어난다.

이것을 피하기 위해서 발주의 가설과 검증을 철저하게 해야 할 필요가 있다. 판매수량만을 보고 판단하면 축소균형의 움직임이 커지게 된다.

또한, 배송편별 · 시간대별 상품 매트릭스를 재검토해서 자기 점포 고객층과 니즈에 대해서 결함 있는 상품이 있는가를 정기적으로 체크할 필요가 있다.

자동발주의 올바른 활용법을 인식한다

⑥의 자동발주에 대한 과제다. 편의점에 있어서도 인원감축과 일배상품의 발주력 강화를 겨냥한 발주의 자동화가 진행되고 있다. 그렇지만, 발주가 자동화되고 작업부담이 줄었다고만 생각하면 효과적인 운용이 어려워질 것이다. 발주기준의 설정에 오류가 생기면 과다재고 혹은 근소재고[8]의 리스크를 안게 되기 때문이다.

이 과제에 대해서는, 우선 자기 점포가 속한 체인에 도입되어 있는 자동발주의 체계를 이해하는 것이 중요하다. 그런 이해 없는 운용개선은 곤란하다.

편의점에서 볼 수 있는 주된 자동발주는 **①발주기준에 의한 발주의 자동화 방법 ②과거 일정기간의 판매수량을 토대로 자동계산된 권장 발주수량의 지시 방법**이 있다.

많은 체인에서 채택하고 있는 전자의 방법에서는 발주기준의 정기적인 수정이 중요하다.

같은 상품에 있어서도 계절과 기타 조건에 의한 판매수량이 변동되기 때문이다. 그것에 맞춰 발주기준을 수정해 주지 않으면 방대한 로스를 떠안게 될 가능성이 있다. 최소 1개월 1회의 발주기준 설정 수정을 기대한다.

8_근소재고 점포에 재고가 소량밖에 없는 것으로 결품의 우려가 있는 재고를 뜻함.

제 2 장

발주의 매니지먼트

기본 4원칙

발주력이 전제가 되는 원칙

포인트 3

① 발주력을 높이기 위해서는 기본 4원칙의 준수가 시작.

② 상권은 「크게」, 그리고 「작게」 잡는다.

③ POS 데이터는 「숲→수풀→나무」의 순서로 본다.

「기본 4원칙」은 발주력의 토대

발주에 대해서 공부하기 전에 편의점 점장의 업무를 정리해두자.

요즘의 고객은 체인 점포의 특징을 이해하고 있어서 점포 이용시 낭비 없는 구매를 하는 경향을 보인다. 따라서, 「무엇을 팔 것인가」를 명확히 하지 않으면 고객을 부르지 못하게 되고 결국 경쟁에서 살아남지 못하게 된다.

하지만 이러한 차별화를 철저히 하기 전에 반드시 해야 하는 것이 있다. ①상품구색, ②선도관리, ③청결, 그리고 ④프렌들리(Friendly) 서비스라는 「기본 4원칙」의 철저한 이행이다.

「그런 것은 알고 있다」고 이야기할 사람도 있겠지만, 이것이 정말로 이루어진다면 고객의 지지가 점차 높아져 일매출도 높아질 수밖에 없

도표④ 기본 4원칙의 주요내용

상품구색	고객의 니즈를 반영한 인기상품 중심의 구색이 중요함. 편의점에서는 서비스상품이 늘어나고 있지만, 서비스상품으로 내점을 촉진해도 가장 중요한 것은 고객이 원하는 상품 구색임. 일별, 시간대별로 변화하는 고객의 니즈를 확인해서 그것에 적합한 구색을 갖추는 것이 포인트
선도관리	편의점의 주력상품은 구입해서 바로 먹는 점심식사 등의 상품임. 여성의 내점이 늘어나는 가운데 선도관리에 대한 고객의 눈도 엄격해지고 있음. 신선식품의 유효기간 경과나 가공식품에 흠이 있으면 여성고객은 이탈하게 됨.
청결함	청결은 항상 깨끗하고 훌륭한 상태를 지향함. 특히, 고객이 알아차리기 쉬운 부분임에 따라 협소한 점포라도 쓰레기통과 곤도라의 먼지 등을 신경쓰며 항상 청결한 상태를 유지해야 함. 「조금은」이라는 생각이 앞서면 청결은 붕괴됨.
프렌들리 서비스	무엇보다 고객의 인상에 쉽게 남게 되고 그 레벨을 안정시키기가 어려운 항목임. 또한 고객에 따라 느끼는 것이 달라서 우선 무엇을 해야 하는지 망설여지는 것도 프렌들리 서비스의 특징. 자신의 경험에 비추어 좋다고 느끼는 접객 레벨을 확보하는 것이 프렌들리 서비스의 출발점.

다. 가까이 경쟁점포가 생겨도 시간이 지나면 고객은 다시 돌아올 수밖에 없다. 만약 돌아오지 않는다면 기본 4원칙의 철저한 이행이 부족했다고밖에 할 수 없다.

그런 경우의 문제는, 점포와 고객 간의 의식 차이로 점포가 이를 알아차리지 못했다는 것이다. 항상 자기 점포의 상황을 냉정하게 바라보고 무엇이 문제인가를 확인할 필요가 있다.

기본 4원칙의 첫 번째는 상품구색이다

편의점은 최근, 커피와 티켓 발권판매 등의 서비스 상품에 주력하고 있다. 슈퍼마켓이나 드럭스토어 등과 비교해도 편의점 서비스 상품의 양과 질은 압도적이며 편의점 이용 동기의 커다란 요인 중 하나가 되고 있다.

그렇지만 서비스 상품은 다른 편의점 체인에서도 취급하고 있어 차별화를 꾀하는데 한계가 있다. 서비스 상품으로 내점을 촉진하려고 해도 고객이 원하는 상품구색이 중요해진다.

고객이 원하는 상품은 날짜별, 시간대별로 변화한다. 다음날과 그 다음날 고객이 무엇을 찾을까에 대해서는 확실한 답이 없다. 하지만 고객이 원하는 것에 대해 제한 없이 구색을 맞추어보는 것은 가능한데 그것이 바로 발주력이다.

점포 사정이 우선이라서 구색에 대하여 충분히 대응하지 못하는 경우도 많을 것이다. 그것을 「방법이 없다」고 포기할지, 아니면 「고객의 니즈에 대응해 보자」고 할지, 선택에 따라 그 후의 매출은 크게 바뀌게 된다.

가까운 경쟁점이 뛰어난 구색을 갖추면 고객은 볼 것도 없이 경쟁점으로 옮겨간다. 이것을 방지하기 위해서는 자기 점포를 뛰어난 구색으로 바꾸는 방법밖에 없다. 어느 정도 불리한 상황이라도 니즈에 부합하는 구색이 가능한가 아닌가로 고객의 지지가 결정되는 것이다.

두 번째는 선도관리이다

편의점을 이용하는 고객의 상당수는 바로 먹을 상품의 구매를 생각한다. 따라서 점심식사 등의 상품선도는 점포 선택에 있어 중요한 척도라고 할 수 있다.

또한, 소자녀화[1]와 고령화에 의해 시장이 축소되고 있는 가운데 매상을 유지 · 확대하기 위해서는 내점하지 않는 고객의 내점을 촉진할 필요가 있다. 편의점 이용객의 남성구성비는 일반적으로 60~70%로 알려지고 있는데, 객수를 늘리기 위해서는 여성고객의 수용이 하나의 포인트가 된다.

그렇다. 일배상품과 마음에 드는 가공식품 등의 구색으로 여성고객은 확실히 증가하게 된다. 하지만 정육, 선어, 잡화, 조미료 등의 상품에서 먼지가 눈에 띄면 여성들은 어떻게 될까? 두번 다시 오지 않을 것이 명확하다.

1_**소자녀화(少子女化)** 저출산으로 자녀를 적게 갖는 사회적 현상을 나타내는 말.

모처럼 어렵게 갖추어 놓은 상품도 관리가 제대로 되지 않고 선도가 떨어지는 것을 제공하면 점포에 대한 신뢰가 급격하게 떨어진다.

세 번째 항목은 청결이다

청결은 언제나 깨끗하고 훌륭한 상태를 일컫는 말인데 고객이 바로 느낄 수 있는 항목이다. 매장 주변에 떨어져 있는 영수증과 담배꽁초, 입구 주변의 지저분함, 쓰레기통과 곤도라 선반의 먼지 등 비록 편의점이 협소한 공간의 점포라도 항상 청결한 상태를 유지하는 것은 쉬운 일이 아니다.

「조금은」이라는 생각 앞에는 청결에 대한 수준 저하가 기다리고 있는 것이다.

마지막 항목은 프렌들리 서비스다

무엇보다 고객에게 좋은 인상을 남기기 위해 서비스의 수준을 안정시키는 것은 어려운 항목이다. 또한, 고객에 따라 느끼는 것이 다르기 때문에 무엇을 먼저 해야 하는지 망설이게 되는 것도 프렌들리 서비스의 어려운 점이다.

일반적으로는, 큰 소리로 인사를 하고 영수증과 함께 틀리지 않고 거스름돈을 고객에게 건네며 고객이 계산한 상품을 정중하게 건네면 일정 수준의 서비스는 갖추었다고 할 수 있을 것이다.

주의해야 할 것은 계산대의 「안과 밖」에서의 모습이 다르다는 것이다.

종업원도 한 걸음만 밖으로 나가면 고객이다. 자신이 구매를 하면서 경험하는 다양한 모습에서 접객의 좋고 나쁨을 느낄 수 있을 것이다.

자신의 경험에 비추어 좋다고 느끼는 접객 수준을 확보하는 것이 프렌들리 서비스의 출발점이다.

단지, 바람직한 접객을 머리로는 이해해도 막상 계산대의 업무에 쫓기다 보면 「바빠서」라는 이유로 임시변통으로 일을 끝내는 경우가 적지 않다.

종업원이 1교대면 수많은 고객을 접객하게 된다. 종업원의 입장에서는 고객 중의 한 사람이지만 고객의 입장에서 보면 정반대이다. 한번의 접객이 전부인 것이다. 실제로 점포에 밀려드는 고객불만의 클레임은 접객에 관한 것이 압도적이다.

보통은 프렌들리한 접객이 이루어져도 대수롭지 않은 한번의 태도가 고객 클레임으로 연결되는 경우가 다반사다. 단지 한 사람의 고객이지만 치열한 경쟁의 시대에는 그러한 것들이 쌓여 점포에 치명상을 준다.

이러한 기본 4원칙의 철저한 준수가 발주력을 발휘하는 토대가 된다. 24시간 365일 영업을 지속하는 편의점에서는 전체 종업원이 기본 4원칙을 철저하게 지킬 필요가 있다. 점장 한 사람이 매장에서 할 수 있는 것은 한계가 있기 때문이다.

단품관리

편의점 발주의 출발점

포인트 3

① 단품관리는 장사의 기본이다.

② 올바른 발주는 5가지의 단계를 확실히 소화하는 것.

③ 고객의 얼굴을 떠올리며 발주를 한다.

「단품관리」는 장사의 기본

「단품관리」라는 단어를 들으며 「어렵다」 「대단하다」 「정말 효과가 있을까?」라는 선입견을 갖는 사람이 적지 않다. 하지만 단품관리는 장사의 기본이고 발주력을 높이는 시작이라고도 말할 수 있다. 우선 그 사고방법을 보자.

단품관리[2]란 간단히 말해서 내 점포의 상품구색을 고객 니즈에 제한없이 맞추어보는 것이다. 다만 이 두 가지(상품구색과 고객 니즈)가 완전하게 조합을 이루지 못하면 단품관리를 전혀 못하는 것이 된다. 미안하게도 단품관리는 간단하게 이루어지는게 아닌 것이다.

도표⑤를 보자. 이것은 구색과 고객 니즈와의 관계를 표시한 것이다. 고객의 니즈가 있고 자기 점포의 구색이 있는 것이지만 실제로는 두 가

도표⑤ 단품관리의 개념도

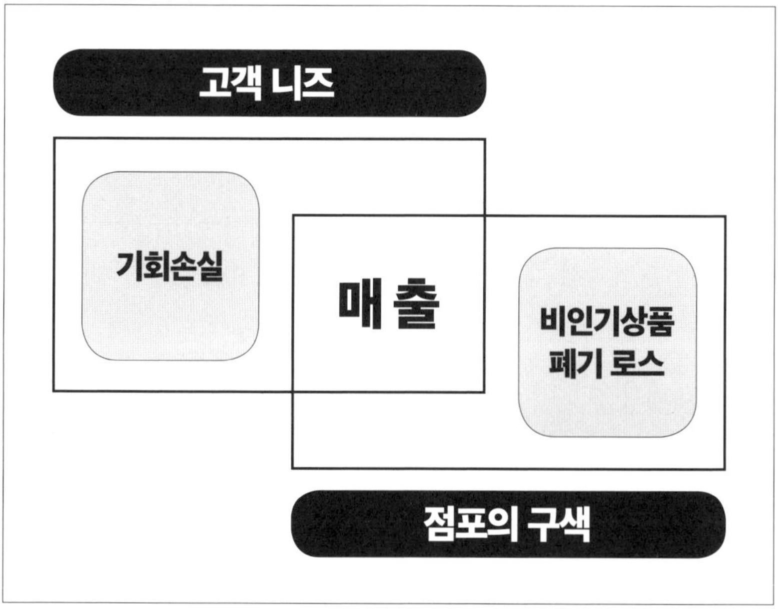

지 사이에 엇갈림이 생긴다.

중앙의 겹치는 부분이 구색과 고객 니즈가 일치한 부분이고, 이것이 매상이 된다. 이 겹치는 부분을 어떻게 크게 만들 수 있는가에 의해 점포의 매출이 변하게 된다.

겹치는 부분이 작아지면 기회 로스와 폐기 로스에 의한 헛수고가 늘어나게 된다. 그것은 고객의 니즈에 대응하지 못하는 것만이 아니라 점

2_단품관리 소매업에서 모든 상품 구매, 판매, 재고 등의 상황을 분석, 관리하는 업무.

포의 매상과 이익에도 직접 영향을 미친다.

결국, 고객의 니즈에 끊임없이 상품구색을 맞추어 가는 것. 그것을 단품에 초점을 맞추어 지속적으로 대처해 가는 것이 단품관리의 의미이다.

고객의 니즈는 끊임없이 변화한다. 단품관리는 그 니즈에 구색을 맞추는 노력을 계속해 가는 것이다. 그 실제 작업 프로세스가 「발주의 매니지먼트 사이클」이다.

발주의 매니지먼트 사이클은 다음 5가지로부터 이루어진다.

① 정보수집

② 가설

③ 상품・수량의 결정

④ 매장전개

⑤ 검증(발주개선) (도표⑥).

정보수집과 가설에 기반한 판매를 시행하고 그 결과를 검증해 다음의 발주에 반영하면 발주력의 수준을 지속적으로 향상시킬 수 있다.

이러한 일련의 업무가 다양한 단계로 정확하게 이루어짐으로써 기회로스와 폐기 로스가 감소하고 점포의 매출과 이익을 늘리게 된다. 각 단계의 정확한 처리를 배경으로 발주의 사이클을 계속 회전시키는 것이 발주력 향상으로 연결되는 것이다.

도표⑥ 발주의 매니지먼트 사이클

정보수집	발주에 관련된 정보에는 「점포고유정보」, 「과거정보」, 「미래정보」의 3가지가 있음. 점포고유정보는 그 점포가 커버하는 상권변화가 중심. 행정 데이터 외 상권조사에 의한 것도 있음. 과거정보는 POS 데이터가 중심. 큰 단위에서 작은 단위를 겨냥해 분석함. 미래정보는 고객의 기호에 영향을 미치는 날씨 · 기온과 지역행사 등
가설	다양한 정보를 근거로 고객이 어떤 상품을 바라는가를 판단함. 시간대에 따라서도 고객층이 다르기 때문에 다양한 고객층의 니즈를 파악해서 알맞은 상품을 중심으로 바람직한 구색을 계획해 감. 편의점에 있어서는 지역에 밀착한 가설이 커다란 경쟁력이라고 할 수 있음.
상품 • 수량 결정	가설에 기반해서 상품과 발주수량을 결정함. 상품에 대해서는 앞의 설명과 같이 고객의 속성에 기반한 바람직한 상품을 중심으로 선택함. 수량의 결정은 기회로스, 폐기 로스의 리스크를 동반함. 과거 데이터의 단품구성비로부터 발주수량을 결정하는 것도 하나의 방법임.
매장전개	가설과 발주에 기반해서 매장을 만드는 것이 중요. 발주를 늘려도 진열면적이 충분히 확보되지 않거나 선반의 구석으로 상품이 밀려나는 경우에는 올바른 결과를 기대하기 어려움. 매대 전개 다음의 최후 검증 단계가 틀어질 가능성이 있음.
검증 (발주개선)	발주력을 높이는 열쇠가 바로 검증임. 결과의 숫자에 대해서 「왜 잘 팔린 것일까」「어떻게 해서 생각보다 안 팔렸을까」를 명확히 해서 그것을 다음 발주에 반영하는 것으로 발주력은 서서히 높아져 감.

고객의 얼굴을 떠올리며 발주를

또한 발주를 할 때는 매일 내점하는 고객의 얼굴을 떠올리는 것도 중요하다. 그 고객이 내일은 무엇을 살까를 생각해 보는 것이다.

기온이 높은 청명한 날이면 차가운 냉면이 팔릴 것이고 반대로 추운 날에는 따뜻한 상품을 선호할 것이다. 한 사람의 고객을 떠올려 생각해 보면 결품에 신중해질 수밖에 없다.

일배상품은 폐기 로스의 위험이 있지만, 그보다도 두려운 것은 기회 로스이다. 특히 매일같이 내점하는 고객이 정해놓고 사가는 상품이 품절되는 일은 절대로 있어서는 안 된다. 모처럼 내점을 했는데 꼭 사고자 했던 상품이 언제나 진열되어 있지 않으면 그 고객의 발길은 점포로부터 멀어져 버린다.

품절되지 않도록 고객이 원하는 상품의 구색을 갖추는 것은 장사의 시작이며 편의점의 편리함을 느끼게 해주는 관건인 것이다.

정보수집

올바른 가설·검증의 필수조건

포인트 3

① 과거와 미래, 개별 점포의 정보로 고객의 니즈를 파악한다.

② 시간대의 니즈 변화를 정확하게 파악한다.

③ 종업원의 정보는 효과적인 상권정보가 된다.

발주에 도움이 되는 「정보수집」이란

정보의 수집은 발주업무의 시작으로서 결과를 크게 좌우한다. 그 포인트는 「내일은 고객이 어떤 상품을 좋아할까」라는 생각으로 고객 니즈를 계속 찾는 것이다.

편의점에서는, 입지에 따라 하루에도 몇 번이나 이용을 하는 고객이 있다. 오피스 지역에서는 가장 가까운 편의점에서 출근 도중 빵과 커피를 사고, 점심식사로 도시락과 녹차를 사는 회사원의 모습이 하나도 이상할 것이 없다.

거시적으로 봐도, 일본의 편의점 점포수가 5만 개를 넘어 점포 한 곳당 인구는 2,500명 정도가 된다. 점포 한 곳의 하루 객수는 900명이기 때문에 평균으로 보면 점포 한곳이 담당하는 고객의 3분의 1 이상이 매일 편의점을 이용하고 있다는 계산이 나온다.

이것으로 빈번하게 편의점을 이용하는 고객이 계속해서 내점하도록 정보수집을 통한 고객 기호 변화의 파악이 대단히 중요하다는 것을 알 수 있다. 과연 고객의 기호변화를 파악하는 것에는 어떤 정보가 필요한 것일까? 크게 나누면 3가지이다.

「점포 고유 정보」「과거 정보」「미래 정보」이다.

점포 고유 정보는 상권의 상황과 인구의 이동, 경쟁 점포의 상황 등 점포를 둘러싼 환경에 관한 것이다.

세상을 보면, 사업장의 통폐합, 또는 규모 축소, 공공 공사의 활발함 등, 경제와 장사에 영향을 미치는 일이 빈번하게 일어난다.

공공단지에서는 건물의 노후화와 거주자의 이동에 따라 상권의 상황이 바뀐다. 이제부터는 빈집이 늘어나는 것도 예상되고 문패가 달린 주택의 외관을 보는 것만으로는 실제 사람의 거주 여부를 알 수 없게 될지도 모른다.

또한, 경쟁 점포와 새로운 상업시설이 문을 열게 되면 통행하는 사람의 흐름도 바뀌게 된다. 지금까지 점포 앞을 지나서 전철역으로 향했던 고객이 다른 길로 통근과 통학을 하게 될지도 모른다.

이러한 변화는 자신의 점포와 관계없는 이야기가 아니라 우리 주변에 빈번하게 생기는 일이다. 적어도 3개월에 한번, 혹은 반년에 한번은 점포 주변에 무슨 일이 일어나고 있는가를 확인할 필요가 있다.

상권은 어떻게 바라보면 좋을까

상권을 보는 경우, 어떻게 어떤 점에 주의해야 하는 것일까? **포인트는 「범위」와 「시간」**의 두 가지이다.

편의점의 상권은 일반적으로 반경 500m로 알려져 있다. 정말 그럴까?

편의점의 입지는 각양각색이다. 사무지역의 입지가 있다면 도로변의 입지도 있다.

사업장이 집중된 입지라면 500m의 상권은 너무나 넓게 본 것이다. 실제로, 겨우 수십 미터 거리 내에 많은 경쟁점이 문을 열고 있다.

반대로 도로변은 자동차 이용 중심이라서 상권은 500m 이상으로 넓어진다. 만약 다른 편의점이 500m 이상 떨어져 있더라도 자기 점포에 미치는 영향을 생각해야 할 것이다.

또한 상권은 거리만으로 나누어지는 것이 아니라 고객의 동선과 경쟁점 위치 등에 따른 영향도 받는다. 가장 가까운 전철역과 정류장, 그리고 사업장 등의 위치에 의해서도 상권의 모습은 바뀌는 것이다.

도표⑦은 어떤 점포의 상권을 보여주는 것이다.

그 점포와 가장 가까운 전철역 사이에는 사업장이 모여있고 점포 뒤쪽에는 주택이 밀집되어 있다. 출점 당시에는 사업장 근무자들의 이용을 기대했지만 실제로는 뒤쪽 주택 밀집 지역 고객의 이용이 중심이 되었다. 같은 반경의 거리라도 이용하는 방법이 다르고 상권에 치우치는 경우가 있는 법이다.

그럼, 다른 한 가지인 「시간」은 어떨까.

도표⑦ 자기점포의 고객은 어디에 있는 것일까

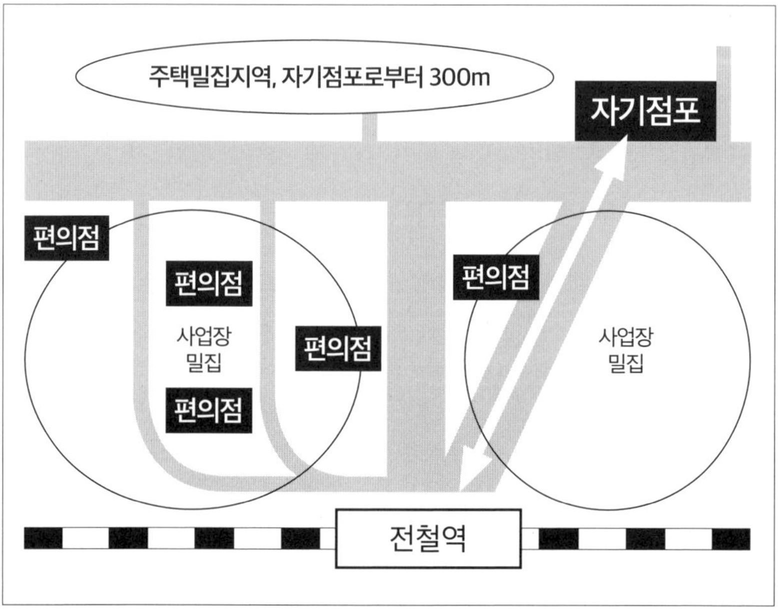

점포를 이용하는 고객은 시간과 함께 변화한다. 24시간 영업이 기본인 편의점의 경우, 그 차이가 현저하다.

물론 평일과 휴일에 따른 차이도 크다. 휴일에 대부분의 사람이 없는 도심 사무지역 입지 등은 전형적인 사례이지만, 주택지와 전철역 주변의 점포에서도 시간에 의하여 고객의 변화가 발생된다.

따라서, 하나의 시간대만으로 자기 점포의 고객층을 단정하는 것은 불가능하다는 것을 이해해야 한다.

시간대에 따라 편의점 이용이 바뀐다

하루에 나타나는 고객 니즈의 변화는, 머리로는 이해가 되어도 감각적으로는 받아들이기 어려운 경우가 있다.

시간대로 고객의 니즈를 파악해서 매장과 구색에 반영하는 경우에는 고객의 생활방식과 라이프 스타일을 검토할 필요가 있다.

특히, 카운터FF[3]와 즉석밥, 샌드위치 등 하루 동안 여러 차례에 걸쳐 납품되는 상품을 중심으로 어떤 시간대에 어떤 니즈가 있는가, 고객의 소비행동이 어떻게 변화하는가를 조사해서 시간대의 변화를 반영한 상품구색을 갖추고 발주를 해야 한다.

체인마다 상품분류 방법에 차이가 있지만, 상품의 중분류와 소분류로 변화를 보는 것이 중요하다. 시간대에 따라 판매가 늘어나는 상품은 니즈가 높을 것으로 예상하며 시간대의 니즈와 고객층의 관계를 파악할 수 있다.

계산대에서 고객을 대할 때 구입상품, 성별, 연령, 파악가능한 직업, 방문 시간대를 함께 기록해두고, POS 데이터와 기록을 조합하는 것으로 이런저런 것들을 파악하게 된다.

도표⑧은 입지별, 시간대별 일반적인 특징과 고객의 흐름을 본 것이다.

3_카운터FF 계산대 패스트푸드(Fast Food)를 뜻하는 단어로 카운터에 진열되어 판매되는 만두와 호빵, 오뎅, 고로케 등의 상품을 의미함.

도표⑧ 시간대별 입지별 고객 니즈의 변화 (평일의 경우)

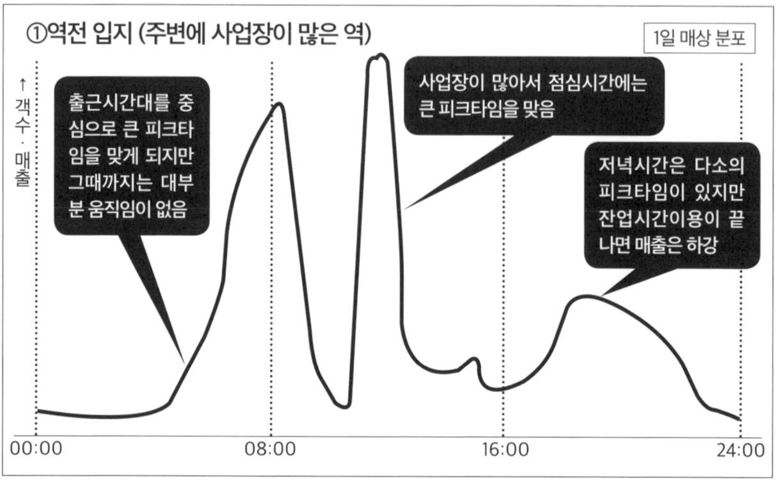

	특징	사람의 움직임	상품의 움직임
아침(0시~8시)	사업장이 많은 전철역 주변은 기본적으로는 일반 거주자 등은 적은 편이고, 다른 지역으로부터 출근하는 경우가 많음. 이 때문에 피크타임은 첫 열차 이후로 몰린다. 사업장의 휴일과 공휴일 등과 평일에는 매출이 크게 차이가 나서 구색과 작업 등에 특히 대응 차이가 큼.	이른 시간 출근을 하는 사람 등을 중심으로 이른 아침부터 서서히 매상이 올라가며 근무시작 시간 전에 피크가 되었다가 아침 매출은 끝난다. 기본적으로 거주자가 적어서 인근의 번화가와 주점가 등이 있는 경우를 제외하고 심야시간대의 매상은 매우 적음.	사업장에서 간단하게 먹을 수 있는 아침식사용 상품의 매출이 활발해짐. 다만, 출근 후에 먹는 경우가 많아서 빵을 제외하면 따듯하게 먹는 상품의 매출은 저조함. 그 외에 야채주스와 우유 등의 수요가 높음.

낮(8시~16시)	이 시간대는 피크가 집중되고 매상 그래프가 높아짐. 특히 근무시작 직전의 피크와 점심 휴식시간 등의 피크에 대해서 상품과 사람의 충분한 대응이 요구됨. 인원배치와 역할분담, 피크타임 전 소모품 준비 등	출근 전에 구입하는 경우가 많고 구매할 상품을 잊는 경우가 많아 점포 내에서의 아침식사 수요가 늘어남. 기본적으로 소량의 상품을 구입해서 근무지로 향하는 경우가 많음. 12시 이후는 점심식사 수요가 있지만 회사원은 혼잡한 점포와 계산대에서의 장시간 기다림을 싫어하는 경향이 있음.	점심식사를 겨냥한 상품으로 제대로 된 식사메뉴를 좋아하는 경향이 강함. 또한 날씨가 좋았던 날에는 회사 밖에서 먹는 경우도 예상되기 때문에 한 손만으로 먹을 수 있는 상품의 준비도 중요해짐. 급여일 전후로는 고객의 가격지향 경향이 크게 변하기 때문에 주의가 필요함.
밤(16시~24시)	저녁과 밤 사이는 귀가 중인 사람이 늘어나지만, 회사 쪽 전철역 앞은 귀가를 서두르는 사람들도 많아서 피크타임이 만들어지기 어려운 것이 특징임. 회사에서의 야근과 귀가 중에 간단한 식사를 찾는 수요가 있지만 시간이 지나면서 매상은 서서히 떨어짐. 팔리는 시간대에 집중해서 대응함.	귀가하는 회사원이 늘어나는 시간임. 야근에 따른 식사 등의 수요가 늘어나고 귀가 중에 간단한 식사를 찾는 수요는 있지만 아침, 점심의 피크타임에 비하면 매상과 객수의 그래프는 내려감.	야근에 따른 식사와 간단한 식사류 상품 매출이 활발해짐에 따라 간단히 먹을 수 있는 상품과 간단하게 요기를 할 수 있는 상품의 확보가 중요. 카운터FF와 제과류, 간편식 빵, 용기면 등의 재고 확보에 주의함.

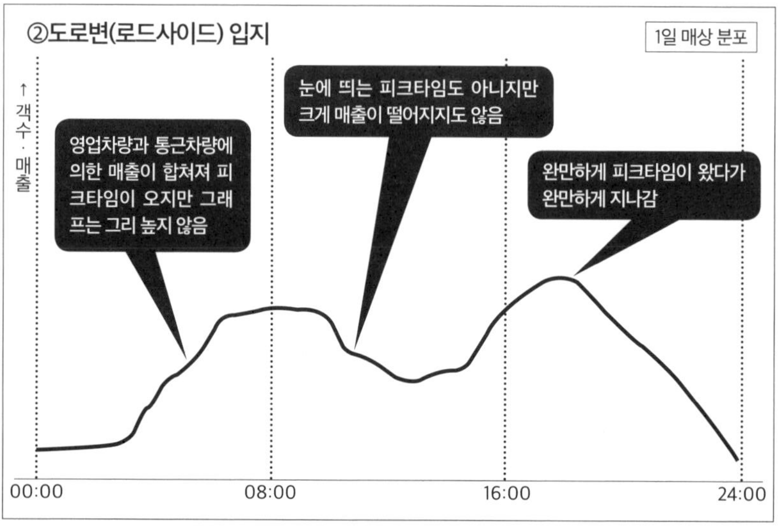

	특징	사람의 움직임	상품의 움직임
아침(0시~8시)	도로가(로드사이드)입지는 완전히 차량의 통행량에 따라 결정됨. 야간 · 심야 화물차량과 장거리 차량 외, 출근차량, 영업용 차량 등의 통행량과 비율로 편의점에 대한 니즈는 차이가 남. 정체되는 간선도로변이 아니라면, 특히 아침시간은 화장실 이용을 위해 들리는 경우가 늘어남.	심야와 이른 아침 이후의 통행 차량이(사람의 통행) 크게 다름. 심야는 대형차량 운전자가 중심이지만 이른 아침 이후는 출근차량 운전자가 늘어남. 양쪽 모두 같은 도로로 통행하고 같은 점포를 이용하는 경우가 많아서 고정고객이 되기 쉬움.	운전자의 이용 장면을 상상해서, 운전을 하면서도 한 손으로 집어 먹을 수 있는 상품 중심으로 구색을 계획하는 것이 중요함. 또한 심야와 출근 전 시간대에는 졸음을 쫓는 상품에 대한 니즈가 있어, 각종 커피와 껌, 사탕 등의 매출에도 주의를 요함.

낮(8시~16시)	영업용 차량과 화물차량 운전자가 들르는 것이 중심이 됨. 오후 시간대는 점포 앞 도로의 통행량과 차량 비율에 따라 오후 피크타임 그래프의 높이가 차이가 남. 완만하게 피크타임이 되는 경우도 많아 주의가 필요함.	가장 가까운 슈퍼마켓에서 쇼핑하는 주부가 들르는 경우도 있지만, 정해진 길을 따라 업무상으로 통행하는 차량이 중심. 이용하는 도로가 정해져 있어서 고정고객이 되기 쉬움. 점심시간 피크타임의 그래프 높이는 낮지만 고객이 끊어지지 않고 완만한 흐름으로 계속됨.	차량 안에서 먹는 경우와 자신의 사업장에 들고 돌아가는 경우가 있지만, 어떤 경우에도 운전을 하지 않는 상태의 식사를 고려한 상품구색을 검토함. 음료로는 녹차와 각종 커피의 매출이 활발해서 결품과 상품보충 진열에 주의해야 함.
밤(16시~24시)	사업장으로 복귀하거나 자택으로 귀가하는 차량, 장거리 운행 차량과 화물차량 등의 출발 시의 수요가 많음. 생활필수품을 편의점에서 찾아 구매하고 귀가하는 차량의 수요 등, 일반적인 도로가 입지의 수요에 주거지역 수요가 더해짐.	사업장으로 복귀하는 차량과 귀가 차량이 중심이 됨. 귀가 차량 운전자는 생활필수품의 구매를 편의점에서 해결하는 경우도 있어 일반적으로 슈퍼마켓에서 구입하는 것과 같은 상품을 포함해서 매장에서의 소구를 강화해야 함.	귀가 도중 들르는 경우가 많아서 저녁식사를 겨냥한 식사 메뉴와 다음날 아침식사와 관련된 상품구색에 주의해야 함. 주부와 여성고객의 이용이 많은 점포에서는, 특히 간편식 상품 관련 구색을 충실하게 해줌.

③ 오피스 입지

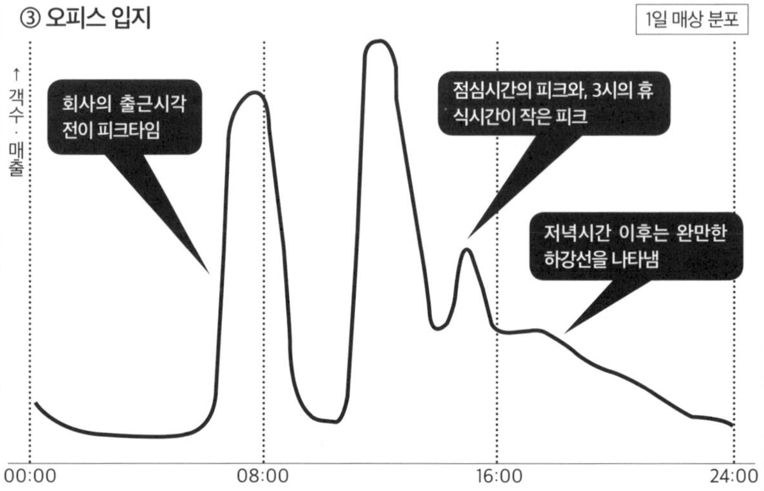

	특징	사람의 움직임	상품의 움직임
아침(0시~8시)	기업들의 근무시작 시간에 맞춰 바로 직전까지가 피크가 됨. 하지만 출근 전 시간대는 인근에 주택가가 없는 한, 내점객이 거의 없이 한산한 경우도 많음. 인근에 음식점이 있는 경우는 심야시간대라도 내점객이 많음.	가장 가까운 전철역과 버스정류장으로부터 곧장 직장으로 가는 흐름이 가능함. 이러한 동선상에 있는 점포는 회사 근무시간 직전이 피크가 됨. 아침식사를 겨냥한 상품 등이 매출이 있음.	사무실에서 취식이 가능한 상품과 그 외 사업장에서 사용하는 상품이 팔림. 삼각김밥과 빵, 샌드위치, 휴대용 건강식품 등의 아침식사 아이템과 커피, 녹차, 우유, 생수 등의 수요가 높음.

낮(8시~16시)	근무시작 시간 직전 외, 정오 전후, 오후 3시의 피크가 기대됨. 각각의 피크타임에 따른 방법이 달라 그 특성을 잘 이해해서 대응하는 것이 중요함.	회사에서 가장 가까운 점포와 공원, 공원 내 테라스 가까운 점포의 이용이 기대됨. 어떤 직무의 기업체 근무자 고객이 많은가를 잘 살펴보고 회사의 휴일과 근무시작 및 종료시간 등을 확인함. 특히, 점심 휴식시간의 시프트(근무스케쥴)은 사전에 제대로 확인함.	점심식사를 겨냥한 식사메뉴, 3시 휴식시간의 소용량 과자 매출이 좋음. 회사 관련 경조사가 발생하면 그 연관상품의 매출이 있어, 부의봉투 등의 결품이 없도록 주의함.
밤(16시~24시)	기업들의 업무종료 시간에 맞춰 서서히 저녁시간의 피크를 맞게 되지만 아침, 점심만큼의 혼잡함이나 커다란 피크는 없음. 이 때문에 발주량의 확인이 어려움. 월말과 연말 등은 수요가 변화하기 때문에 인근 사업장에 대한 정보수집이 필수가 됨.	야근을 위한 식사 구입이 늘어남. 이 때문에 야근의 증감이 이 시간대의 객수에 영향을 미침. 자기 점포 주변의 정보수집을 세밀하게 해서 적절하고 정확한 대책을 세울 필요가 있음.	야근을 위한 식사 이용이 늘면서 간단하게 배를 채울 먹거리에 대한 니즈가 많아짐. 간단한 식사 상품만이 아니라 스낵과자와 초콜릿, 저가격대의 과자, 막과자 등도 이 시간대를 중심으로 판매가 늘어날 가능성이 높음.

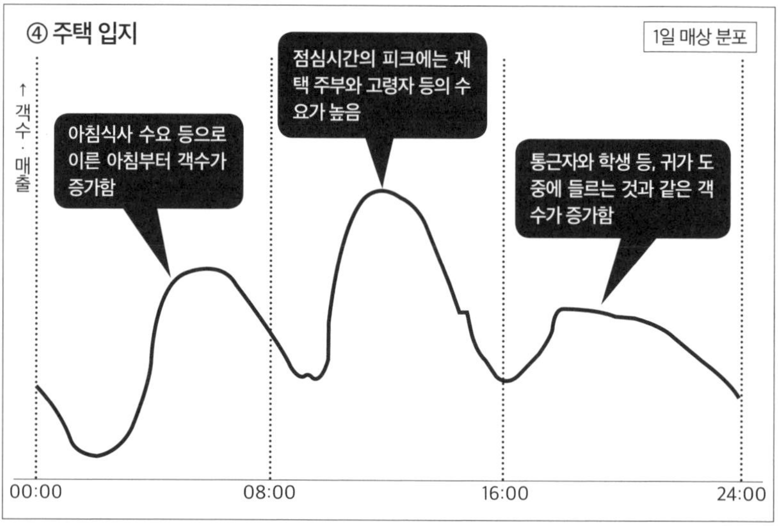

	특징	사람의 움직임	상품의 움직임
아침(0시~8시)	이른 아침 시간대로부터 출근과 등교시의 아침식사 수요가 눈에 띄지만 교대로 내점하는 것 같은 상황이 계속되고 피크 타임이 되지는 않음. 또한 외식 패스트푸드 이용 등, 통근과 통학 도중에 아침식사를 해결하려는 경우가 많음.	식빵과 우유, 낫토, 계란 등, 아침식사와 관련해서 급하게 들르거나 통근, 통학 도중 들르는 경우가 많음. 라이프스타일의 변화에 따라 심야에도 많은 고객의 내점이 가능한 것이 이 입지의 특징임.	아침식사 상품부터 순서대로 매출이 일어남. 우유와 식빵, 낫토, 계란 등의 흰색 상품의 매출이 활발해지고 샐러드와 간편식, 마가린과 잼 등을 포함한 긴급구매 상품의 매출이 좋아짐.

낮(8시~16시)	점심식사와 일배상품 등을 찾는 재택 주부와 고령자의 움직임이 눈에 띔. 정오 조금 전부터 피크가 시작되고 점심시간이 지날 때까지 계속되는 경우가 많음. 인근상권 주민의 내점이 많아서 상권조사가 중요해짐.	하루 종일 집에 있는 주부와 고령자가 주요 고객층이지만, 공공시설과 병원 등이 인근에 있는 경우는 그 이용자의 내점도 가능함. 병원 진료시간과 공공시설 이용상황을 조사해서 객수의 예측을 해야 함.	점심식사용 상품매출이 늘어나지만 밥과 죽이 함께 담긴 도시락 보다도 간편식과 샐러드, 조리면과 간단한 식사 등, 단품의 수요가 높음. 갓 튀겼거나 갓 나온 카운터FF가 잘 팔림.
밤(16시~24시)	귀가 도중의 구매도 많고 슈퍼마켓과 나누어 구매를 하는 고객도 보임. 신선식품과 가벼운 상품, 저가 상품은 슈퍼마켓 등에서 구입. 중량상품과 정가판매상품 등을 편의점에서 구입하는 경향이 강함.	직장·학교로부터 귀가하는 사람들이 주요 고객층이 됨. 독신자의 저녁식사를 위한 구매가 늘어남. 주류와 안주 등을 찾는 고객도 증가. 카운터FF 구입을 목적으로 들르는 고객도 보임.	저녁식사와 다음날 아침식사와 관련된 상품 매출이 활발해짐. 도시락과 간편식, 안주, 샐러드, 카운터FF, 맥주, 그 밖에 주류, 통조림, 스낵과자 등의 즉석상품에 더해 아침식사용 빵 관련 일배상품 등의 매출이 활발해짐.

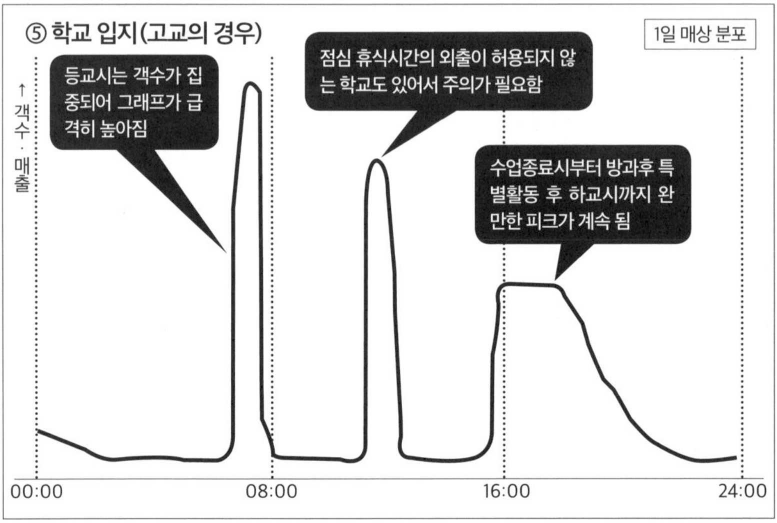

	특징	사람의 움직임	상품의 움직임
아침(0시~8시)	이른 아침의 특별활동과 일반학생의 등교시 객수가 집중되어 피크의 그래프가 급격히 높아짐. 학교 인근의 점포는 주택상권의 성격을 동시에 가진 점포가 많지만, 학생을 겨냥한 상품은 특징이 있어서 주의가 필요함.	학생 등교시간대를 중심으로 피크가 높은 그래프를 보여줌. 기말고사기간과 장기휴가기간은 보통 때와는 다른 사람들의 이용이 있기 때문에 사전에 정보수집과 그에 따른 대응책이 중요해짐. 학년별 예정 일정 등도 확인해 두어야 함.	싸고 칼로리가 높으며 소화시간이 길어, 먹으면 배가 든든한 상품이 인기가 높음. 대형 제과빵과 간편식 빵, 우유, 유제품 음료 등 500ml 종이팩 제품 매출이 눈에 띔. 삼각김밥과 중화만두 등도 인기를 끌기 쉬움.

낮(8시~16시)	수업시간 중의 내점은 없지만 외출이 불가한 학교를 제외하면 점심시간에 집중된 피크를 맞음. 여학생을 포함해 점심식사 수요가 보이기 때문에 이런 학생들을 겨냥한 상품의 구색이 중요함.	방학 때는 다르지만 점심 휴식시간이 커다란 피크가 됨. 교내에 식당 시설과 매점이 있는 경우에도 점심시간 외출이 가능하면 인근 편의점의 내점객 증가로 이어짐.	도시락과 조리면 등의 식사 메뉴는 남학생을 중심으로 싸고 부피가 큰 상품의 인기가 높음. 도시락을 지참하는 학생도 빵을 사는 경우가 적지 않음.
밤(16시~24시)	수업종료 후, 방과 후 특별활동이 끝날 때까지 완만한 피크가 됨. 스포츠 특별활동 학생 등 귀가 도중 들르는 경우도 많아, 적은 금액으로 왕성한 식욕을 채울 수 있는 상품에 인기가 집중됨. 아이스크림과 디저트, 카운터FF(꼬치구이를 중심으로)의 이용도 많음.	하교시각은 방과 후 특별활동을 별도로 해도 학년과 반별로 틀림. 이 때문에 편의점 내점 그래프 곡선도 완만하게 내려감. 그 중에는 저녁 6시경이 최종 하교시각인 학교도 있음.	꼬치구이의 카운터FF와 저가의 스낵과자, 막과자, 아이스크림, 디저트 등에 매출이 집중됨. 고교생의 경우 페트병보다도 1리터 종이팩 제품 등의 싼 상품 매출이 좋음.

도표⑨ 점포에서 수집해야 하는 지역의 주요정보

사업소	학교	병원
휴식시간 종업원 수 근무시간·근무형태	특별활동 일정 학교의 이벤트 기말시험 일정	진료시간 통원환자 중심고객 통원환자 수
관공서	**경쟁점**	**역·정류장**
근무자 수 행사 일정 연금 관련 등	정기휴일 등 폐점 유무 상품구색 취급상품	시발 및 종료시간 승차인원 노선버스 운행시간

지역의 행사정보에 주의한다

발주를 함에 있어서는 점포 상권의 지역 정보를 매우 중요하게 생각해야 한다.

그 중 하나가 캘린더 상의 각종 행사이다. 행사에는 전국적으로 공통적인 행사가 있고 지역성이 강한 행사도 있다. 전자를 이야기한다면 추석과 양력 설, 음력 설 등이다.

이러한 차이도 포함해서 연간의 행사일정을 세워 고객의 구매변화를 가정해서 상품구색에 반영하는 것이 중요하다.

다른 한 가지는 지역 행사이다. 편의점에 있어서는 가까운 지역의 정보가 보다 중요하다(**도표⑨**).

예를 들어, 병원과 학교에서 가까운 점포라면 병원의 진료시간, 학교의 소풍과 특별활동, 지역 청소활동 등의 정보를 입수해서 그에 맞는 상품구색을 갖추는 것으로 판매 기회가 생기는 것이다.

이렇게 지역의 정보를 수집하는 것에는 점포 주변에 살고 있는 종업원의 힘을 빌리는 일이 매우 중요하다.

초등학생 자녀를 둔 주부 파트사원은 학교 행사에 대해서 자세히 알 수밖에 없다. 게다가 육성회 임원을 겸하고 있는 경우는 상세한 정보를 얻을 기회가 확대된다. 지역의 학교에 다니는 대학생이 아르바이트로 근무를 한다면 학교의 시험 일정이나 각종 행사 등을 알 수 있을 것이다.

종업원의 힘을 빌리는 것은 그들의 동기를 높이는 것이기도 하다. 지역의 정보를 바탕으로 판매를 계획하고, 그것이 성과로 이어진다면 싫다고 해도 할 수밖에 없는 의지가 생기는 것이다.

또한 지역에서 장사를 하는 이상 상권의 변화는 피할 수가 없다. 매장만을 보고 있으면 주변의 변화를 알아차릴 수 없지만 상권의 변화는 중요한 것이다.

예를 들어, 행정기관의 정보를 포함해서 상권의 변화를 정기적으로 보는 것으로 발주력을 높이는 것이 가능해진다. 행정 관련 정보로서는,

도표⑩ 행정 등의 주요정보와 활용방법

국가통계자료	상공업 통계자료
상권 내 통, 반 단위까지의 인구동태를 파악할 수 있는 가장 신뢰할 수 있는 통계자료의 하나임. 하지만 5년 단위의 조사자료라서 이용 시에는 시간 경과 등의 배경 상황에 주의해야 함. 인구에 대한 통계로는 연령별 데이터는 물론 취업자 수와 기업체 수, 세대 수 등의 데이터도 분석이 가능해서 상권 내 동태를 파악하는데 편리함. 실제 내점 고객층과 거주자의 연령층을 비교하는 것으로 미처 파악하지 못한 고객층을 알 수 있음.	상권 내 기업체의 영업 상황을 알 수 있음. 상점 수가 감소하는 한편 매장 면적이 늘어나고 있는 경우에는 교외 등에 대형점포가 출점해서 고객들의 동선이 크게 바뀔 수 있는 가능성이 있음. 타업태를 포함해서 자기 점포 주변의 경쟁 환경 변화 등을 파악할 수 있음
시군별 주민 통계자료	**전철 이용객 자료**
5년에 1회 실시되는 국가통계자료조사에 따른 간격을 보완해주는 인구 관련 조사자료임. 상세한 인구 동태 파악이 가능함. 상권 내 인구와 연령 분포 등도 어느 정도 파악이 가능함. 2, 3년 전과 현재를 비교해서 자기 점포를 둘러싼 환경이 향후 어떻게 전개되어 갈 것인가, 인구 유입과 유출은 어떻게 될 것인가 등의 예측에도 유용함	국철과 사설 철도회사는 각 역의 탑승객 현황 자료를 발표하고 있음. 몇 년치의 데이터를 갖고 있는 경우가 많아서 전철 역의 승객 현황과 역 주변의 상권 변화를 살펴보는 것이 가능함. 상권 인구는 변화가 없지만 고객 수가 감소하는 경우는, 주변 사업장의 퇴직자 증가와 전철 이용객의 일시적 감소(상권 내 사업장 방문객 감소 등)를 생각해 볼 수 있음

정보의 종류는 가지각색이지만, 국가지표조사와 상업통계 · 공업통계, 가장 가까운 전철역 등의 승하차 이용객수 등이 있다(**도표⑩**).

걷는 것만으로도 상권의 모습이 파악된다

통계 정보로는 보이지 않는 부분도 있다. 통계 데이터는, 실제 변화를 모방한 것에 불과하므로 현장의 변화는 보다 앞서 가고 있음을 고려하는 것이 좋다. 이러한 실제 상권의 변화를 보기 위해서는 자신의 상권을 돌아보는 것이 가장 좋은 방법이다.

입지에 따라서도 그렇지만, 주상복합아파트나 아파트단지 개발과 보육원, 유치원의 개설, 학교의 통폐합, 병원개설과 경쟁점의 퇴출 등 반년만 지나도 상권의 모습은 크게 바뀐다.

거리 상 떨어져 있는 곳의 변화가 점포에 영향을 미치는 경우도 있다.

건물 등의 개발과 폐쇄는 고객의 움직임에 직결된다. 간선로 주변의 점포라면 차량의 통행량도 중요하지만 차량의 종류도 고객의 변화에 영향을 준다. 통행량 증가는 바람직한 조짐이지만 트럭의 통행이 늘어난다면 주차장에 주차를 하지 않을 가능성도 있다.

도로변의 점포에서는 우회도로와 고속도로의 개통, 장기간의 도로공사 등 조금 넓은 범위로 안테나를 세워 자기 점포에 영향을 미치는 주변의 변화에 주의할 필요가 있다. 상권의 변화에 대해서 미세한 것들을 포착할 수도 있다.

실제로 상권을 세밀하게 관찰하며 다니다 보면 생활스타일과 살림살이가 보이게 된다. 예를 들어, 주거지역 인근의 점포는 주택 발코니에 걸려 있는 세탁물과 주차장에 세워진 차량들과 자전거에 있는 유아용 카시트를 보면 거주자들의 가족 구성을 알게 된다.

도표⑪ 자신의 눈으로 수집하는 상권의 정보

주택의 종류	사업장의 종류
상권을 걸으며 볼 때 가장 중요한 것은, 단독주택, 아파트단지, 독신자주택 등의 주택종류 확인임. 대중교통노선과 주거지역과의 위치관계를 확인하고 사람들의 흐름이 자기 점포로 향하고 있는가를 체크함.	사내 주방시설과 매점이 함께 있는 대규모 공장, 배달도시락점의 배달범위에 있는 사업장이 많은 경우에는 편의점의 객수를 늘리기가 어려움. 사업장의 종류와 식음 시설의 유무, 근무형태 등을 확인함.
학교	**세탁물**
인근에 초등학교가 있는 경우, 일반적으로 어린이들이 이용할 기회는 적지만, 운동회 등의 학교 행사 때 객수가 늘어나는 경우가 있음. 학교의 행사 유무를 확인함.	평일, 날씨가 맑은 날 걸려있는 세탁물로 그 세대의 가족구성을 알 수 있음. 저녁까지 세탁물이 걸려 있는 경우는 비어있는 세대거나 독신자세대임을 가정해볼 수 있음. 세대원의 숫자와 가족구성을 대략 알 수 있음.
자전거 보관장	**주차장**
유아를 태우는 보조기구가 부착된 자전거가 많으면 유아가 있는 가정이 많다고 가정할 수 있음. 보조기구 부착 자전거가 주간에 많이 세워져 있으면 주부들이 집에 있는 비율이 높은 것을 가정해볼 수 있음.	평일과 휴일의 주차대수 변화로부터 통근 시간대의 차량 이용 상황을 알 수 있음. 자가 차량 이용이 많으면 출퇴근 시 내점이 제한적일 수 있다고 예상함.
차량의 종류	**공공시설**
유아용 카시트를 비치한 차량이 많으면 유아가 있는 가족이 많은 것임을 가정할 수 있음. 이러한 상권에서는 휴일, 차량에 의한 외출이 많아서 저녁시간의 내점을 기대함.	수영장과 도서관 등의 공공시설이 있는 경우는 개관시간과 이용자 속성을 봐야 함. 평일과 주간, 저녁시간, 야간개관일 등의 상황에 따라 자기 점포의 구색을 검토하는 것이 좋음.
병원	**단체시설**
진료과목과 진료일, 진찰시간을 확인함. 정형외과와 안과 등의 병원은 고령자의 이용이 많고 소아과와 내과는 어린이가 많은 점을 고려함.	정기적인 모임과 행사가 있는 경우에는 행사 관계자를 포함해서 간단한 식사가 제공되는 경우가 있음. 관련시설의 유무, 모임 스케줄 등을 알면 예약판매의 기회로 연결됨.

평일과 주말에 주차장의 차량대수가 크게 변화하는 경우는 인근 사업장에서 이용하는 경우와 주말 나들이로 외출하는 가족이 많은 것을 가정해볼 수 있다(**도표⑪**).

POS 데이터의 올바른 사용방법

과거 정보를 본다는 것은 어떤 상품이 지금까지 선호되어 왔느냐를 보는 것이다. 여기에는 POS 데이터가 유력한 수단이 된다. 기본적으로는, 1년간의 경향을 보려면 전년도의 같은 주간의 데이터를 확인해 본다. 최근의 동태를 보려면 과거 1주간과 2주간의 같은 요일 숫자를 참고하면 좋을 것이다.

예를 들어, 전년도와 비교해서 매상을 비교하는 방법이 있다. 전년과 다른 추이를 보이는 경우는 몇 가지의 이유가 반드시 있기 때문이다. 날씨 · 기온의 차이와 상권의 변화, 발주량의 차이 등 매상이 변화된 이유를 확실히 파악하면 다음의 대처방안이 나오게 된다.

또한, 시간대별 데이터는 자기 점포의 매출 경향을 파악할 수 있다. 특정 상품의 시간대별 판매수량을 봄으로써 기회 로스와 폐기 로스의 동향을 확인하는 것이 가능하다.

POS 데이터는 커다란 변화로부터 시작해서 작은 변화들을 분석하는 것이 포인트다.

우선, 상품분류로 매출의 변화를 찾아낸다. 예를 들어 즉석밥이라는 카테고리 전체의 매상 변화를 본다.

도표⑫ POS 데이터 활용의 흐름

①매상 전체의 데이터를 확인함

↓

②시간대별 매상, 객수를 확인함

↓

③대분류 데이터를 확인함

↓

④중분류(소분류) 데이터를 확인함

↓

⑤분류 내의 단품 데이터를 확인함

↓

⑥일별 시간대별 추이를 확인함

↓

⑦매상 전체에 대한 기여도를 확인함

「나무만 보고 숲을 보지 않는다」라는 이야기들을 하지만 갑자기 단품의 움직임만 따라가면 잘못된 판단을 할 우려가 있다.

전체적인 방향감을 놓치지 않기 위해서 큰 상품분류의 움직임을 봐야 한다.

이 가운데 확실한 이유도 없이 현저하게 매상이 변화하고 있다면 그 아래 단계를 보도록 한다. 즉석밥을 예로 들면, 냉장도시락과 생선초밥,

도표⑬ POS 데이터 활용의 6가지 단계

① 매상 전체의 데이터를 확인한다

전체 매상은 항상 체크해서 변화를 파악한다

단품관리로는 전체 숫자와 단품의 숫자를 반복해서 보면 점포가 갖고 있는 과제와 문제가 표면화 됨. 특히, 전체 매상은 항상 체크할 필요가 있음. 전년, 전월, 전주와 비교한 변동, 날씨 · 기온, 행사 등의 조건 차이를 확인하고 매상에 변동이 보이는 경우에는 그 이유와 향후의 전망을 명확히 함. 경우에 따라서는 매상 감소의 이유를 명확히 하기 위해서 상권 내 세대 속성의 변화와 내점 고객층의 시간대별 추이 등도 체크함. 자신의 눈으로 상권 변화를 확인하는 것이 중요하지만, 그에 앞서 커다란 변화를 POS 데이터가 파악함.

② 시간대별 매상, 객수를 확인한다

시간대에 의한 분석으로 대책을 찾는다

월별, 주별로 매상에 변화가 보이는 경우는 시간대별 매상과 객수의 변화를 확인함. 요일별 변화, 시간대별 변화, 객단가가 높은 시간대, 객단가가 낮은 시간대 등, 시간대 분석에 의해 자기점포의 특징이 보다 명확해짐. 일반적으로 시간대에 의해 객단가는 변화하지만 그것에는 반드시 이유가 있음. 객단가가 낮은 경우는 목적상품이 없어서 판매상품의 수가 감소하는 것을 생각해볼 수 있음. 상품구색과 접객, 권장판매의 상황을 다시 한번 확인하는 것도 중요함.

③ 대분류의 데이터를 확인한다

분류 단위의 매상에서 문제를 찾는다

점포 전체의 매상이 변화하는 경우는 상품 분류 단위의 변화를 확인함. 점포의 매상은 단품의 매출이 쌓여서 만들어진 결과임. 전체 매상이 나쁘면 반드시 매상이 떨어지는 분류가 있음. 우선 확인해야 하는 분류는 대분류임. 대부분의 대분류에서 매상이 감소하면 객수를 늘리는 대책이 필요함. 특정 대분류의 매상이 극단적으로 감소하는 경우는 중분류, 소분류 등의 매상을 확인해서 문제를 명확히 함.

④ 중분류(소분류)의 데이터를 확인한다

보다 작은 단위의 분류를 분석해서 강약을 확인한다

대분류에서 문제를 확실하게 찾지 못하는 경우는 한 단계 하위의 분류에 대해 분석할 필요가 있음. 중분류, 소분류 데이터는, 각각 강약에 의한 진열 공간 배분을 확대 · 축소하는 등, 진열하는 경우에도 도움이 됨. 예를 들어 스낵과자의 경우, 봉지 스낵, 컵타입 스낵, 감자칩 중 어느 쪽에 중점을 두고 진열 공간을 배분해야 할까? 이때는 하위 분류의 판매 데이터를 활용함. 중분류 · 소분류의 판매수량이 극단적으로 떨어지는 경우는 진열볼륨과 신상품 도입의 유무 등을 체크함. 강력한 신상품의 도입으로 전년 동기 매상이 나오고 있는 경우에는 다른 분류에서 매상을 확보하는 방법을 검토함.

⑤ 분류 내의 단품 데이터를 확인한다

단품 데이터로부터 안 팔리는 상품을 찾아낸다

단품 판매 데이터까지 보면 상품의 움직임이 잘 이해됨. 평소 잘 판매되는 상품은 수시로 움직임을 확인할 수 있지만 단품 데이터에서는 움직임이 별로 없는 비인기 상품을 체크해야 함. 비인기 상품의 정의는 다양하지만, 일용잡화나 가공식품은 4주간, 과자나 아이스크림 그리고 주류는 2주간 판매 실적이 제로인 제품을 비인기 상품으로 구분함. 다만, 진열대의 위치나 관련 상품의 진열 등 매장의 소구 방법에 따라 매출 개선이 가능함. 단품 데이터에 의해 비인기 상품을 밝혀낸 경우에는 이런 점을 염두에 두고 대응하는 것이 중요.

⑥ 하루의 시간대별 추이를 확인한다

단품 판매 데이터로 폐기로스를 줄인다

일배상품을 검토할 때 배송 편별, 시간대별의 판매수량을 확인하는 것이 중요함. 즉석밥과 간편식, 샌드위치, 빵 등, 시간으로 판매관리를 하는 상품은 시간대별 판매 데이터를 확인하고, 폐기 로스와 기회 로스의 삭감을 철저히 함. 특히 시간대별로 판매수량이 크게 변동하는 상품은, 배송 편별 발주수량을 증감할 필요가 있어 단품별 판매동향에 주의를 해야 함. 또한 판매수량과 로스수량에 대해서는 왜 그러한 결과가 나온 것인가를, 그리고 가설에 오류가 없었는지를 충분히 검증해야 할 필요가 있음.

삼각김밥이라는 카테고리로 변화를 본다.

이에 더하여 단품으로, 시간대별로 데이터를 보는 것으로 매상이 변화하고 있는 이유를 점점 명확하게 파악할 수 있게 된다(**도표⑫, ⑬**).

다만, 주의할 것이 있다. 판매결과에는 다양한 요인들이 영향을 미친다.

예를 들어, 발주가 적어서 매장에 상품이 없으면 판매수량이 늘 이유는 전혀 없다. 상품이 선반 구석에 박혀 있다면 고객의 눈에 띄기도 쉽지 않을 것이다. 상품이 팔리거나 팔리지 않는 것은 몇 가지의 조건이 겹쳤기 때문이고 그 이유를 명확하게 이해하는 것이 중요하다.

반대로 판매수량이 적은 경우에, 다른 조건을 생각하지 않고 「팔리지 않았기 때문에」라며 단지 발주량을 줄여버리면 팔릴 가능성이 있는 상품의 기회 로스를 부를 위험도 당연히 따르는 것이다.

과거의 정보인 POS 데이터는 신중하게 볼 필요가 있다.

날씨 · 기온의 미래 정보

마지막이 미래 정보다. 미래 정보는 날씨 · 기온 정보와 지역행사 정보부터 시작된다.

그 중에서도 중요한 것이 날씨 · 기온 정보다. 날씨와 기온의 조건에 의해 상품의 판매추이가 크게 달라지기 때문이다. 전날과의 일교차와 바람의 세기도 체감온도에 변화를 가져와서 상품의 판매방법에 영향을 준다.

날씨 · 기온에 관해서, 상품이 납품부터 판매까지의 사이에 얼마나 변화할까 하는 것에 대하여 발주할 때에 예측이 필요하다.

이를 위해서는 직전의 기상정보를 확인하고 발주에 반영하지 않으면 안 된다. 예를 들어 기온이 급격하게 떨어지는 것이 예상될 때, 고객은 무엇을 원할까를 생각해서 발주할 필요가 있다.

또한 지역행사에 대한 정보는 날씨 · 기온과 같은 불확실함은 없지만, 역시 판매추이를 크게 좌우한다. 학교행사와 기타 행사 외에도 체육 공원에서 거행되는 이벤트 등의 정보를 관공서로부터 듣거나 종업원으로부터 듣는 것과 같은 방법으로 수집하는 것이 매우 중요하다.

가 설

장사의 묘미는 여기에 있다

포인트 3

① 자신의 점포를 이용해주는 고객을 이해한다.

② 상품 지식이 없으면 가설은 만들어질 수 없다.

③ 매트릭스로 구색의 정확도를 높인다.

정보를 이용한 가설의 수립 방법

정보수집이 끝나면 다음은 가설이다. 정보를 상품에 반영하는 이 작업이야말로 장사의 묘미이고 점포로서 무엇보다도 중요하게 생각을 해야 한다 (**도표⑭**).

또한 가설 만들기에서는「왜 이렇게 생각했을까」를 명확히 해두는 것이 중요하다. 이유를 확실히 하면 결과 검증을 철저히 하는 것이 가능해진다.

그러나 일요일에 가까운 공원에서 지역운동회가 있는 경우, 어떠한 상품을 어느 정도 갖추어야 할까? 이것을 생각하는 것이「가설을 세우는」작업이다.

이런 사례에서는「일요일」「가까운 공원」「지역 운동회」가 키워드가

도표⑭ 가설의 수립 방법

날씨 · 기온	특히 일배상품의 경우 날씨 · 기온의 조건에 의해서 팔리는 상품이 달라짐. 조리면의 경우는 기온이 높고 청명한 날에는 냉면이 팔리고, 추운 날은 온면이 팔림. 또한 전날과의 기온차도 중요함. 최고 기온이 같은 경우에도 기온이 전날보다 낮으면 체감온도가 내려가고, 높으면 체감온도가 올라감.
요일 · 시간	평일과 주말, 공휴일에는 고객의 구매행동이 차이가 남. 지출하는 금액과 팔리는 것이 달라짐. 또한 급여와 상여금 지급일, 연금수령일 등, 가설 수립에 중시해야 할 조건들이 있음.
고객층	고객층에 따라 기호가 차이가 남. 지역 운동회가 인근에서 개최되는 경우, 어린이들이 주로 구매하는 삼각김밥은 참치가 든 상품일 것임. 하지만 부모가 구입해서 자녀에게 주는 경우는 피로회복도 기대하기 때문에 매실이 든 삼각김밥을 구입함을 생각할 수 있음.
그 외 자세한 조건	상권과 이벤트 등에 관한 상세한 조건을 더해 가설의 정확도를 높임. 위와 같은 지역 운동회의 경우, 참가자의 주 연령, 대회 주최측 스탭의 식사와 음료 제공 여부 등의 조건도 덧붙인 가설을 수립함. 사업장 입지에서는 사업장의 규모와 예상되는 사업장 내의 직원들을 위한 음식 보관시설 등도 고려해서 가설을 세우는 것이 좋음.

된다. 개최 당일의 날씨 · 기온에 대한 예보를 확인하고 차가운 상품과 따뜻한 상품 중 어느 쪽이 팔릴까를 생각해본다.

운동회의 규모와 참가자의 연령 등 그 외의 추가 정보를 더하는 것으로 발주 정확도를 높이는 것이 가능하다. 수집한 정보를 근거로 어떤 상품이 잘 팔리는가를 생각하는 것이 가설을 수립하는 포인트가 된다.

여기에 주의하지 않으면 안 되는 것이 있다. 그것은 자신의 점포 고객을 구분하는 것이다.

편의점의 취급 상품이 늘어나고 있는 가운데 예전처럼 높은 판매율을 유지하는 것이 어려워지고 있다. 그것은 여성과 시니어 등의 새로운 고객을 끌어들이며 삶과 밀착한 점포로서 편의점이 다음 스테이지로 넘어가는 과정도 있기 때문이다.

그렇지만, 새로운 고객층에게 편리함의 제공으로 대응하는 것만으로는 매상을 늘리기 어려운 것이 사실이다. 내 점포의 고객 니즈에 맞는 상품을 정확하게 발주해서 매장에 전개하는 것이 매상을 늘리는 전제라는 것을 잊어서는 안 된다.

상품을 알지 못하면 가설을 수립할 수 없다

가설을 세우는 경우에는 상품에 대한 이해도 매우 깊어진다. 날씨·기온과 고객층에 대한 정보를 갖게 되어도 어떤 상품이 바람직한가는 상품 지식이 없으면 결정을 할 수 없기 때문이다.

마요네즈를 예를 들어 생각해보자.

마요네즈 상품은 각 편의점 체인에서 몇 가지의 상품이 권장되고 있는데, 용량은 500g, 300g, 200g, 50g, 낱봉 타입 등이 있다. 기능으로는 일반 상품과 다르게 칼로리 오프(off), 콜레스테롤 저감상품 등이 있다.

브랜드로는 내셔널 브랜드[4](NB)와 프라이빗 브랜드[5](PB)가 있다. 일반적으로는 인기 NB상품과 PB상품을 섞은 구색이 많은 편이다.

이 정도의 선택사항 중에서 점포에 맞는 상품을 선택할 필요가 있다. 허술한 가설에서 상품을 선택해버리면 고객의 니즈를 만족시키지 못하고 「역시 마요네즈는 팔리지 않아」라고 판단할 것이다.

오피스 지역의 점포라면 우선, 주변 사업장이 대기업들일까 아닐까를 고려해 봐야 한다. 오피스 내에 직원을 위한 음식 보관공간을 갖춘 대기업에서는 직원들이 공용으로 사용할 수 있는 대형 냉장고도 준비되어 있을 것이다. 그렇게 되면 도시락 등의 식사용으로 500g 마요네즈를 구입하는 니즈를 예상해 볼 수 있다.

반대로, 냉장고를 갖춘 회사가 적은 경우에는 50g과 낱봉 타입 마요네즈가 바람직할 것이다. 정보의 정확도를 끊임없이 높이는 것으로 상품구성을 부드럽게 변경한다.

앞의 지역운동회에 관해서도 도시락과 삼각김밥만이 아니라 소프트드링크를 어떻게 할까, 음주는 허용이 되고 있는가, 또한 주최측의 운영스태프에게 도시락은 제공되는가 등 정보의 내용과 깊이를 추구하면 상품구성을 유연하게 변경할 수 있다.

그러나 이 경우 줄김밥에 관해서는 어떻게 구색을 하면 좋을 것인가.

4_내셔널 브랜드(NB) 일반 소매점이나 인터넷에서 구입이 가능한 전국적인 브랜드 제품으로, 일반적으로 고객 인지도가 높은 브랜드 제품.
5_프라이빗 브랜드(PB) 일반 소매점에서는 구입이 불가능한 특정 소매업체가 자신만의 브랜드로 자기 매장과 웹사이트에서만 판매하는 제품.

• 참치마요네즈 삼각김밥은 어떤 연령층을 대상으로 팔릴 수 있을까?

• 날씨가 좋아서 기온이 올라가는 기상예보가 있는 경우 OO 삼각김밥의 매출추이는 어떻게 될 것인가?

• 찬바람이 부는 쌀쌀한 날에는 △△ 삼각김밥과 팥밥 ◇◇ 삼각김밥은 어떻게 될까?

이렇게 수집한 정보로부터 상품의 범위를 좁혀 다양한 판매방법을 가정해보는 것으로 훌륭한 가설이 완성되는 것이다.

「매트릭스」의 사고방식

발주를 할 때에는 매트릭스[6]의 사고가 중요하다. 가격과 용량, 내용 등 상품 특성에 기반해 고객별 상품을 그룹화해서 생각해 보면 좋을 것이다. 도시락 상품의 매트릭스를 보여주는 것이 **도표⑮**이다.

앞에서 이야기한 것처럼 편의점에서는 하루에도 시간대에 따라 고객층이 변화하지만, 이러한 여러 고객층에 적절한 상품을 이해하면 바람직한 상품구색을 실현할 수 있다.

성공경험이 있는 담당자가 자신만의 아집으로 발주를 하는 경우도 적지 않지만 이런 매트릭스를 만들면 시간대별 구색의 최적화가 가능해질 수 있다.

예를 들어, 인근의 사업장이 사업분기 마감을 눈앞에 두고 분주한 상

6_매트릭스(Matrix) 수학적인 행렬이나 분석과 예측의 틀을 뜻하는 단어로서 여기서는 상품의 특징과 구분을 분석해놓은 도표를 뜻함.

도표⑮ 도시락의 매트릭스

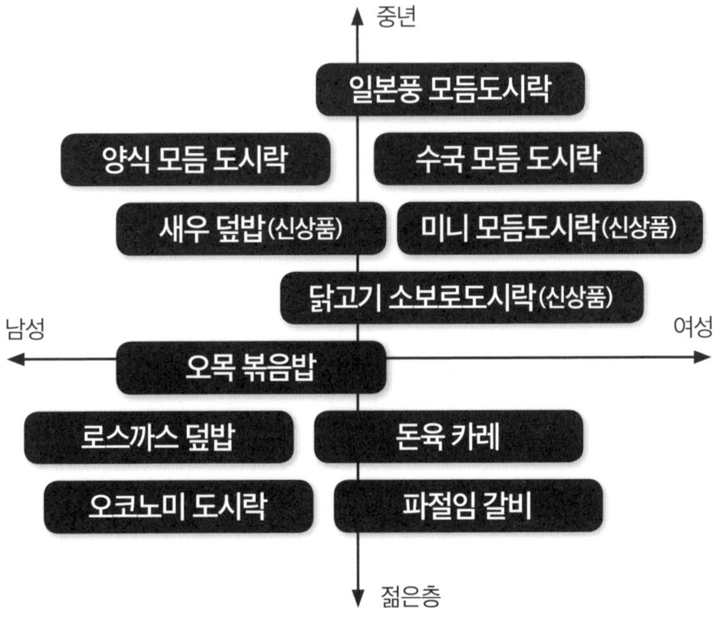

신상품과 인기상품 등의 상위 상품은 결품율도 낮지만 그 외 상품의 결품율이 높은 경우 등은 단품 평가에 의한 상품 매트릭스를 활용해서 상품구색을 종합적으로 판단한 가설 · 발주가 중요해진다.

황이라면 가장 가까운 곳에서 점심식사를 해결하려는 니즈가 늘어날 것으로 생각하고 당연히 회사원 등의 이용을 예상한 구색과 발주를 해야한다.

매트릭스 활용은 도시락과 조리면 등 하나의 니즈에 대하여 상품의 선택이 넓은 카테고리에 유효하다.

예를 들어 도시락은 500엔 이상의 상품과 300엔 이하의 상품, 볼륨이 큰 상품과 미니도시락 등 다양한 특성의 상품이 있다. 이렇게 같은 니즈의 카테고리에서 몇 가지의 선택이 가능한 경우에는 타깃과 적절한 상품의 조합을 보여주는 매트릭스의 활용이 중요하다.

또한 매트릭스는 끊임없이 진화한다. 다양한 상품은 주 타깃을 가정해서 개발된 것이지만 실제로 판매했을 때에 입지와 시간대 등 개별 점포에 따라 판매방법이 차이가 나는 경우가 있다.

젊은 여성을 타깃으로 개발된 도시락이 의외로 젊은 남성의 구매가 많은 경우도 있을 것이고, 시니어 고객의 구매가 많거나 하는 경우도 있을 것이다. 그런 경우에는 젊은 여성을 주 타깃으로 하면서도 젊은 남성의 수요를 예상한 상품으로서 새로운 매트릭스에 의한 시간대별 고객층에 맞춘 발주를 하면 좋다.

또한 자기 점포의 일매출액 수준에 따라 매트릭스의 사용방법이 달라진다.

일매출액이 낮고 고객수가 적은 점포에서는 내점하는 주요 고객에 맞춘 구색에 반드시 집중해야 한다. 일매출액이 많고 고객수도 많은 점포에서는 고객층의 폭도 넓어서 주 고객층 이외의 고객을 대상으로 하는 구색도 고려할 필요가 있다.

발주량을 결정하는 어려움

가설을 세웠다면 발주량을 결정한다. 발주량이 과다하면 폐기 로스가 늘어나고 부족하면 기회 로스가 발생하게 된다. 어느 경우에도 점포에 있어 커다란 손해가 되기 때문에 그 결정은 간단치 않다. 다양한 정보를 수집하는 것으로 구색 결정을 비교적 쉽게 바꿀 수 있지만, 수량 결정은 로스의 위험에 대한 불안함 때문에 좀처럼 결심하기가 쉽지 않다.

그렇다면 발주량을 결정할 때 무엇에 주의해야 할까? 한 가지 방법은, 지금까지 구매한 고객의 비율로부터 결정하는 것이다.

과거의 특정한 날에 내점한 고객 수에서 그 상품(혹은 비슷한 상품)을 구매한 고객 수를 찾아내어 납품되는 날짜에 맞춰 예상되는 고객 수를 가정해서 발주량을 결정하는 방법이다.

하지만 평상시 구입고객의 비율을 계산하는 것으로는 인근에 운동회가 있을 때나 갑자기 기온이 올라갔을 때와 같은 경우가 생겨 발주량을 가감하는 경우, 기회 로스와 폐기 로스의 리스크도 있을 수 있음을 알아야 한다. 이런 경우는 지역행사의 조건이 유사한 최근의 판매 데이터를 찾아서 구입 고객 수의 비율을 참고해야 한다. 비슷한 형태의 지역행사가 개최된 날의 카테고리와 단품의 판매 데이터로부터 발주를 할 날짜의 판매수량을 판단해야 하는 것이다.

매장전개

매장의 판매가 바뀌고 있다

포인트 3

① 판매 저조 상품의 커트가 매장 전개의 전제가 된다.

② 컵라면부터 판매 저조 상품에 대한 관리를 시작해본다.

③ 종업원 간의 커뮤니케이션이 발주력을 좌우한다.

발주를 반영한 매장 만들기

가설 뒤에 할 일은 매장 만들기이다. 올바른 가설을 세워도 매장에 반영하지 못하면 그림의 떡이다.

신상품을 발주해서 매장에 전개하는 것에는 상품의 정확한 위치와 페이스[7](Face) 확보가 전제 된다. 이를 위해서는 상품 부문별 전개를 고려해서 판매 저조 상품을 커트하는 것부터 시작하도록 한다.

이렇게 신상품을 수용할 준비를 해야 하는데, 게을리하면 커다란 문제가 발생한다. 비어있는 작은 페이스에 무리해서 상품을 억지로 밀어넣거나 공간을 충분히 확보하지 못하게 되면 재고를 떠안게 되고 불필요한 재고가 창고에 쌓이게 된다.

결국 모처럼 수고를 한 발주가 엉망이 되는 위험성이 생길 수밖에 없다.

그렇다면 새로운 상품을 취급하기 전에 무엇을 먼저 해결해야 할까?

가장 먼저 해야 하는 것은 상품의 진열위치를 생각하는 것이다. 이때 주의할 것은, 현재 팔리고 있는 상품의 진열위치는 변경하지 말아야 한다는 원칙이다.

신상품을 도입하는 경우에는 일반적으로 곤도라 최상단에 페이스를 넓게 전개하는 방법을 선택한다. 하지만 최상단에 판매가 잘 되는 상품이 있는 경우는 방법이 달라진다. 신상품이라고 해서 안이한 생각으로 상품의 위치를 바꾸는 것은 반드시 피해야 한다.

「항상 즐겨 찾던 상품이 없어졌어요.」

자주 점포를 찾는 고객으로부터 이런 이야기를 심심치 않게 들을 것이다. 물론 확실히 판매추이가 좋지 않아서 상품을 커트할 수밖에 없는 경우도 있다. 하지만 점포의 사정으로 상품의 진열위치가 바뀌어버려 고객이 상품을 찾지 못하는 경우도 종종 발생한다. 결과적으로 고객은 자신이 찾던 상품을 사지 못하게 되고 점포는 이것이 기회 로스가 되어 버린다.

이러한 리스크를 피하기 위해서라도, 특별히 잘 팔리는 상품의 위치는 가능한 유지해야 하는 것이다.

다음으로 페이스 수량을 생각해보자.

7_페이스(Face) 곤도라 선반에서 전면으로 보이는 상품의 진열 면을 의미하며, 1개 페이스라고 하면, 업체에 따라서 다르지만 전면으로 보이는 진열 면적의 단위를 뜻함.

편의점에서는 상품구색이 늘어나고 있기 때문에 곤도라 높이를 올리는 것으로 대응하곤 하는데, 카테고리에 있어서는 매장이 갑갑해지는 상황도 눈에 띈다. 예를 들어, 가공식품과 일용잡화 부문에서는 1아이템당 1페이스를 전개하고 있는 점포가 대부분이다.

하지만 이것으로는 상품 부문별 강약을 보여줄 수 없어 팔고 싶은 특정 상품을 눈에 띄게 해줄 수가 없다. 특히 신상품은 가능한 페이스를 넓게 해주는 것이 기본이지만 POP의 활용과 페이스 확보 이외에도 상품을 눈에 띄게 해줄 방법을 고민할 필요가 있다.

판매 저조 상품을 커트할 때의 원칙이란

발주력을 높이기 위해서는 매장 환경을 정돈하는 것이 매우 중요하다. 판매 저조 상품을 커트해 내고 신상품을 도입할 스페이스를 확보하는 것이다.

여기서의 고민은 판매 저조 상품을 처분함으로써 「이익의 감소」가 발생한다는 것이다. 할인판매를 하면 당연히 전체 이익률은 내려간다. 하지만 팔리지 않는 상품을 방치해두면 새로운 상품을 넣지도 못한 채 매장의 효율은 더욱 나빠지게 된다.

판매 저조 상품의 커트는 매출을 확대하기 위해서는 피할 수 없는 것으로 인식해야 한다. 점포에 따라서는 「단골고객이 항상 사주고 있는 상품」이라는 사정이 있을지도 모르지만 고객의 니즈에 확실하게 대응하는 것은 매우 중요하다. 겨우 40여평(약 132㎡)의 매장에 고객이 원하는 모든 요구에 대응한다는 것이 현실적이라고는 할 수는 없기 때문이다.

고객에게 점포의 사정을 정확히 설명해서, 필요한 경우에는 창고에 상품을 재고로 두는 등의 방법도 검토할 수 있다.

그러면 어떻게 판매 저조 상품을 커트해 낼 수 있을까? 결론부터 이야기하면 개별 점포별로 카테고리와 상품의 원칙을 정하는 것이다.

커트 방법에 있어서는, 단순히 판매수량으로 매출 하위의 상품을 상품구색에서 제외하는 방법과 일주일 동안 매출이 전혀 없는 상품을 커트하는 등의 방법이 있다. 다만 한 주간 동안 전혀 매출이 없었던 상품을 커트한다는 원칙으로 구색을 컨트롤한다면 상품회전이 늦은 가공식품과 일용잡화 등에서는 상품이 몽땅 탈락해버리는 경우도 생긴다.

반대로 이런 카테고리는 판매수량에 상관없이 필요한 역할을 유지하면서 매장의 매력을 높이는 것이 중요하다.

판매수량에서는 매출이 하위라도 이익률과 이익금액이 큰 상품은 어떻게 해야 할까? 이러한 상품은 1개가 팔렸을 때의 이익공헌이 매출 상위의 다른 상품보다 나은 경우도 있다.

또한 카테고리에 의해 커트하는 기준도 달라지는데, 즉석카레와 파스타 소스와 같이 같은 기준을 적용할 수 없는 경우도 있다. 물론 점포의 입지에 따라서도 달라질 수 있다.

결국 판매 저조 상품을 커트하는 것은 이러한 조건을 감안해서 커트할 원칙을 점포마다 결정하는 방식을 취해야 할 것이다.

만약 당신의 점포가 본부의 권장취소 권고에 따라 판매 저조 상품을 판단하고 있다면, 우선 컵라면 카테고리로 자기 점포의 원칙을 만들어 보기 바란다. 컵라면은 신상품이 수시로 출시되며 잘 팔리는 인기상품이 있다. 컵라면 부문에서 신상품의 도입과 판매 저조 상품의 커트를 매주 진행해서 신상품과 인기상품의 판매를 지켜보며 판매 저조 상품을 확인하고 자신의 점포에 맞는 원칙을 만들어 보도록 한다. 그리고 그런 업무가 가능해졌다고 판단되면 다른 상품 카테고리로 확대해 보아도 좋을 것이다.

판매가 떨어지기 쉬운 상품은 가공식품과 일용잡화, 냉동식품 등이다. 어느 쪽이든 오픈 쇼케이스의 상품에 비해 상품회전이 완만해서 판매효율이 비교적 낮은 카테고리이다.

일용잡화 판매 저조 상품의 커트 포인트

앞에서 말한 것처럼, 판매 저조 상품을 커트하는 원칙은 입지와 고객층, 매상의 많고 적음에 따라 카테고리별로 달라진다.

원칙을 정하는 방법을 일용잡화에서 찾아 보자.

입지와 고객층에 의해서도 달라지지만, 일반적으로 일용잡화의 판매효율은 그렇게 높지 않기 때문에 판매 저조 상품인가 아닌가의 판단은 다른 카테고리보다 좀더 길게 볼 필요가 있으며 대략 3~4주간은 추이를 봐야 한다.

다만 주의할 것은 일용잡화는 날씨 · 온도, 습도 등의 조건에 의해서 판매수량이 크게 변동된다는 것이다. 지금은 팔리지 않고 있어도 날

도표⑯ 판매 저조 상품의 커트 포인트

일용잡화	판매 저조 상품인가 아닌가의 판단은 다른 카테고리보다 좀더 길게 볼 필요가 있으며, 대략 3~4주간은 추이를 봐야 할 필요가 있음. 일용잡화는 날씨 · 온도, 습도 등의 조건에 의해서 판매수량이 크게 변동됨. 감기의 유행과 꽃가루가 날린다는 뉴스가 나오면 그때까지 거의 팔리지 않았던 마스크가 갑자기 팔려서 품절되어 버리는 경우도 있음. 화장품과 일용품, 휴대전화, 펫 용품은 날씨 · 기온과 계절에 의한 판매 변동은 별로 보이지 않음. 다만, 갑자기 찾는 고객도 있어서 판매 저조 상품의 판단이 어려움.
가공식품	가공식품은 커피와 녹차 등의 기호식품, 건어물과 말린 농산물, 조미료, 레토르트 식품 등의 조리에 관련된 그룹과 컵라면과 인스턴트 미소 수프, 영양보조식품, 잼 · 버터 등의 그룹으로 분류. 전자는 대체할 수 없기 때문에 비록 매출이 나쁜 경우에도 커트할지의 여부는 신중히 판단하는 것이 중요함. 후자 그룹에 대해서는, 고객의 기호가 분명해서 제조업체의 상품 교체가 빠르기 때문에 판매 저조 상품의 결정은 그렇게 어렵지는 않음. 하지만 정상 상품의 판매가 좋지 않을 때는 판매 저조 상품이라고 결정해버리기 전에 진열 위치와 페이스 넓이 등 해당 부문의 전개 방법에 문제가 없는지 확인함.

씨 · 기온의 변화로 갑자기 팔리기 시작해서 재고가 동이 나버리는 경우도 종종 있다.

예를 들어 감기가 유행한다거나 꽃가루가 날린다는 뉴스가 나오면 그때까지 거의 팔리지 않았던 마스크가 갑자기 팔려 품절되는 경우를 모두 경험해 보았을 것이다. 문구와 일회용 핫팩, 각종 세제, 일회용 속옷 등 정도의 차이는 있지만 같은 경우일 것이다. 평소에 잘 팔리지 않아도 어느 기간이 되면 어김없이 팔리기 때문에 일정량의 재고를 확보해 둘 필요가 있다.

이에 비해서 화장품과 일용품, 휴대전화, 페트 용품은 날씨 · 기온과 계절에 의한 판매 변동은 별로 일어나지 않는다. 매상이 안정되어 있고 갑자기 찾는 고객도 종종 있어서 판매 저조 상품의 판단이 어려운 상품이라고 말할 수 있다. 이런 상품은 각각의 쓰임새에 따라서 커트할 원칙을 정해둘 필요가 있다(**도표⑯**).

가공식품의 판매 저조 상품 커트

가공식품은 커피와 녹차 등의 기호식품, 건어물과 말린 농산물, 레토르트 식품, 모든 조미료 등의 조리에 관련된 상품그룹과 컵라면, 인스턴트 수프, 영양보조식품, 잼 · 버터 등의 상품그룹으로 나뉜다. 이른바 바로 먹을 수 있는 도시락과 간편식 등의 중식[8] 상품과는 다르며 보통의 식생활 니즈에 대응한 상품이 중심이다.

이것은 입지와 고객층을 확인하는 상태에서 구색과 판매 저조 상품을 판단할 필요가 있지만, 전자는 대체할 수 없기 때문에 비록 매출이 나쁜 경우에도 커트할지의 여부는 신중히 판단해야 한다. 냉동식품 등도 이

8_중식(中食) 밖에서 사먹는 외식(外食), 가정 내에서 조리해 먹는 내식(內食)과 구분하여 밖에서 사와서 가정내에서 먹는 식사를 의미.

그룹에 속한다.

후자 그룹에 대해서는, 고객의 기호가 분명해서 메이커의 상품 교체가 빠르기 때문에 판매 저조 상품의 선정은 그렇게 어렵지 않다. 기본적 1주간 이상 움직임이 없는 상품은 팔리지 않는 상품이라고 해도 좋을 것이다.

하지만 문제가 있다. 잘 팔리는 상품이 팔리지 않을 때의 대응이다.

예를 들어 컵라면의 인기상품인 매운맛 컵라면이 팔리지 않거나, 인스턴트 수프의 인기상품이 팔리지 않는 경우다. 이런 상품의 판매가 좋지 않을 때는 판매 저조 상품이라고 결정해버리기 전에 진열 위치와 페이스 넓이 등 해당 카테고리의 전개 방법에 문제가 없는지 확인할 필요가 있다.

다른 점포에서는 잘 팔리는데 자기 점포에서는 팔리지 않을 때는 이러한 문제를 갖고 있는 경우가 적지 않다. 이를 확실히 확인하는 것이 팔리지 않는 상품을 판단하는 전제가 된다.

과자도 신상품이 빈번하게 출시되는 상품이라서 무엇보다도 판매의 움직임이 늦게 시작되는 상품을 중심으로 판매 저조 여부를 판단할 필요가 있다. 다만 과자는 주의할 점이 있다. 해당 부문 진열 스페이스의 문제다.

과자는 제품간 용량 차가 큰 상품이다. 큰 봉지의 감자칩부터 작은 봉지의 막과자까지 용량이 크게 차이난다. 이 때문에 POS 데이터만을 보고 팔리지 않기 때문이라는 이유로 상품을 제외하면 대체한 상품으로 매장을 채우지 못하고 구색에 구멍이 나게 된다.

또한 과자도 컵라면처럼 충동구매가 많은 상품이다. 상품 부문의 위치와 페이스 등의 전개 방법으로 판매추이가 크게 달라지기 때문에, 판매 저조 상품을 기계적으로 판단할 것은 아니다.

판매 저조 상품은 POS 데이터만을 보고 기계적으로 판단할 것이 아니라 입지와 고객층, 대체 상품의 유무, 카테고리 위치 등을 검토해서 해야 하는데, 이는 매우 중요한 포인트다.

발주와 매장 전개의 연동이 중요

발주의 내용을 반영한 좋은 매장을 만드는 것에는 발주와 매장 담당자의 커뮤니케이션도 포인트가 된다. 점장과 정직원은 다르지만, 파트사원 · 아르바이트 직원 중에 매일 근무하는 사람은 거의 없다. 매일 매장에 나오고 있다면 직접 발주하고 다음날 납품된 상품을 자신이 생각한 이미지를 바탕으로 매장을 구성하면 되겠지만, 발주한 상품과 이를 실제로 진열하는 사람은 다른 경우가 일반적이다.

발주 업무와 매장운영 업무를 서로 다른 직원이 나누어 담당하고 있는 경우, 발주 담당자의 의도를 매장 담당자가 얼마나 이해하고 매장을 구성하는가로 상품의 매출도 변화되고 판매 결과의 검증작업에도 영향을 미친다.

발주 담당자가 마음에 그려놓은 위치에 예상한 페이스만큼 신상품이 진열되지 않는다면 상품의 판매방법도 바뀌게 되고 올바른 검증도 일어나지 않는다. 이 때문에 발주와 매장 담당자의 의사소통을 확실히 할 수 있도록 발주 담당자가 매장진열 지시서를 만들 것을 추천한다.

상온식품의 경우에는 월 · 수 · 금에 발주를 하고, 발주 다음날 오전 중에 발주를 마감한다. 당일 밤에 해당 상품이 납품되는 경우, 발주 담당자가 다음날 근무 진열 담당자에 매장 진열을 지시하면 좋을 것이다.

진열 담당은 이 지시서에 따라 매장을 만들고, 다음날 출근한 발주 담당이 매출추이와 매장상태를 확인한 후 필요에 대응해서 매장을 살리는 흐름으로 발주 · 진열의 싸이클을 만들어 간다.

또한 한 주간 사이에 발주에 따른 상품 위치도 바뀐다. 월요일에 매장을 구성하고 수요일은 매장의 유지관리를 하며, 금요일은 신상품 도입을 겨냥해서 할인판매를 하거나 혹은 판매소진을 목적으로 매장을 바꾸어 간다. 발주와 진열을 연동시켜서 매장을 운영해 가는 것이다.

작업지시를 적절하게 하기 위해 전용 커뮤니케이션 노트를 준비하는 방법이 있다. 후방 창고의 상황을 항상 파악하고 있는 사람이 없는 편의점에서 단순히 메모만을 부착해서 의사를 전달하는 것은 너무나도 위험하다. 세일과 행사정보를 기재한 업무 연락 노트와는 별도로 작업지시 전용 노트를 만들어 같은 항목의 내용을 기입하는 방식으로 직원들간의 커뮤니케이션을 철저하게 계획해야 한다.

예를 들어 매장의 변동이 큰 곤도라 상단에서의 상품 페이스 넓이, 후방 창고에 두어야 하는 상품, 진열 주의점 등을 명기한다.

검 증

일희일비하지 않고 문제를 직시한다

포인트 3

① 결과를 나타내는 숫자에는 다양한 원인들이 내재해 있다.

② 왜 팔리지 않았을까, 그 이유를 확인해본다.

③ 숫자만이 아니라 결과를 글로 남기는 것도 중요.

어떻게 해서 가설이 빛나가는 걸까?

검증은 단순히 결과를 보고 일희일비하는 것이 아니다. 검증은 발주를 가장 나중에 하는 것으로 팔렸는가 팔리지 않았는가의 양쪽 이유를 분석하기 위해서 하는 것이다.

상품이 팔리는 것에는 다양한 요소가 작용한다. 특히 유념해야 하는 것은 팔리지 않은 이유이다.

예를 들어 수집해온 정보의 정확도와 깊이에 문제가 있어 기대한 고객이 내점하지 않은 것이 아닐까? 매장의 중앙에서 판매해야 하는 상품인데도 매장 구석으로 밀려나서 고객에게 충분히 어필하지 못하고 고객의 손이 닿지 않은 것이 아닐까? 페이스 확보와 POP를 부착한 위치가 잘못했거나 근무자가 고객에게 인사를 하지 않았거나 시식을 통한 판매를 철저히 하지 않은 것은 아닐까?

이처럼, 충분히 생각해서 발주를 결정했음에도 불구하고 판매로 이어지지 않은 이유를 확실하게 분석해야 한다. 그것이 검증이다.

결과적으로, 이유도 모른 채 상품을 평가해 버리고 발주량을 줄이게 되면 축소균형의 문제에 빠지게 된다. 사실은 충분히 판매될 힘이 있는 상품임에도 잘못된 판매방법 때문에 상품력을 십분 발휘하지 못하는 경우가 발생하기도 하는 것이다.

또한 POS 데이터 숫자의 의미를 깊이 생각해보는 것도 검증이다.

요일과 날씨 · 기온에 의해 판매수량은 크게 변화한다. 맑을 때에 잘 팔리는 상품, 우천 시에 움직임이 좋은 상품, 기온의 상승에 따라 움직이기 시작하는 상품, 기온이 내려갔을 때 잘 팔리는 상품 등 다양한 상품의 특징을 잘 확인해서 자기 점포의 고객 동향에 맞춰 어떤 때에 어떤 상품이 움직이는가를 확인하는 것이 포인트다.

행사에 의해서도 변화한다. 같은 상품군이라도 상품의 동향은 완전히 다를 수 있다. 고객이 어떤 때에 어떤 상품을 찾을까를 생각하는 것은 매일의 발주와 상품구색을 명확히 하는 것 이상으로 중요한 것이다.

검증한 결과는 숫자만이 아니라 글로 바꾸어 기록으로도 남긴다. 각 카테고리의 담당자가 연대하며 점포 전체의 상품 움직임을 확인하는 데 활용하도록 한다.

제 3 장

사례로 배우는 「발주개선」

발주개선

여건을 확인하고 정확도를 높인다

포인트 3

① 우선, 고객층과 상권에 변화가 없는지 재확인한다.

② 시간대별로 움직인 상품을 확인해본다.

③ 가설이 없는 자의적인 발주는 배제한다.

결과를 검증해서 발주를 개선한다

발주 결과를 검증해서 다음 발주부터 개선을 꾀하는 것이 중요하다. 발주 개선은 우선, 고객층과 상권의 변화가 없는가를 돌아보는 것부터 시작한다.

자기 점포의 영업에 영향을 줄 것으로 예상되는 같은 업종의 경쟁점과 타업태 경쟁점의 상황, 자기 점포 주요 고객층을 차지하는 사업장과 학교, 기간이 한정되어 있는 공사 현장 등의 상권 변화를 자세하게 체크한다.

새로운 상업시설의 개설 등에 따라 자기 점포로 고객 동선이 변하고 있는 것도 생각할 수 있기 때문에 자신의 눈으로 확인해가면서 상권의 변화를 확인하면 좋을 것이다.

또한 상권의 변화에 따라 중요한 고객층과 연령층이 변화하고 있을 가능성도 있다. 포인트카드와 고객버튼[1]에 의한 고객층 데이터에 더하여 점장과 직원에 의한 매장에서의 고객층과 구매행동에 대한 관찰을 통해서 자기 점포의 주요 고객층을 재차 확인해야 한다.

특히 24시간 영업을 하는 편의점의 경우는 시간대에 따라 고객층이 변화한다. 시간대에 따른 고객층을 확인하는 것이 실제 발주 개선에 도움이 되는 것이다.

시간대별 고객층과 판매를 체크

마찬가지로, 최근의 판매 데이터로부터 시간대별로 판매 수량이 많은 상품을 체크한다. 이것에 의해 고객층의 변화에 따른 주요 판매 상품이 변화하는 것을 알 수 있다.

사무 지역의 입지에서는 아침은 소용량 도시락이 중심이지만 점심은 일반 사이즈의 도시락 수요가 늘어나거나, 혹은 주택 입지에서는 주말에 고가의 도시락이 늘어난다는 변화도 보게 될 것이다.

이러한 인식과정을 통해서 자기 점포의 고객층과 그러한 고객층 자기 점포에서 구매하려는 상품을 명확하게 하는 것이 발주 개선의 출발점이 된다.

시간대별 고객층과 주력상품의 확인이 가능하면 그것에 따라 최적의

1_고객버튼 편의점의 계산시 고객의 연령을 확인 및 기록하기 위하여 POS 계산대에 설치되어 있는 버튼.

상품 구색과 발주 환경을 구축하도록 한다.

「20세 여성 ⇒ 미니도시락」「공사관계자 ⇒ 대용량 도시락」 등 고객층별로 적절한 상품을 정리한 상품 매트릭스를 작성해서, 그것을 기본으로 시간대별로 중점 상품을 골라 최적상품으로 가설을 세운다.

이 가설을 바탕으로 실제로 발주를 하고 판매수량이 어떻게 변화하는가를 확인한다.

목표수량에 도달하지 못한 상품 또는 목표 이상의 판매수량을 보인 상품 등 다양한 판매 결과에 대해서 그 이유를 명확히 해서 다음의 가설 수립으로 계속 이어간다. 이것을 반복해 최적의 구색으로 조금씩 접근하여 발주의 정확도까지 향상시켜 가는 것이다. 결국 「발주력」이 높아져 가는 것이다.

가설 · 검증을 효과적으로 하기 위해서는 정보 수집과 발주 수순을 개선해서 중점 상품의 시인성[2]을 높이는 등 매장 전개의 개선도 필요하다.

정보 수집에서는 자세한 정보도 찾아내 시간대를 의식한 발주에 유의해야 한다.

매장 전개에 대해서도 중점 상품과 신상품의 페이스를 확대해서 눈높이에 가까운 위치와 오픈 쇼케이스의 최하단에 전개하는 등으로 시인성을 높이는 것이 중요하다.

이러한 진열의 기본 기술이 없다면 결과적으로 판매 데이터가 틀어질

2_시인성 먼 거리에서도 식별이 쉬운 성질이라는 의미. 여기에는 상품이 눈에 띄는 것을 말함.

위험성이 생기고, 페이스 넓이가 좁아서 발주를 늘린 신상품의 판매가 둔화되는 경우도 생긴다.

가설 없는 자의적인 발주를 피하라

또한, 가설이 없는 자의적인 발주를 배제해서 실수요에 기반한 발주를 추구해야 한다(**도표⑰**).

우선, 상품 매트릭스를 사용해서 주요 고객층에 적합한 상품의 결품을 방지하는 것이 중요하다. 일체의 가설 없이 갑자기 팔리던 상품의 발주를 멈추고 새로 발주한다고 가정해 보라.

신상품의 발주에 대한 의지가 높은 나머지, 신상품 도입 시에 안정된 판매가 예상되던 인기 상품을 축소하는 것도 결과적으로 매상을 줄이는 결과로 연결된다.

판매수량이 적은 상품에 대해서 발주를 소홀히 하거나 결품이 생기고 있음에도 발주를 늘리지 않고 정량을 유지하며 발주하는 경우도 적지 않다.

이러한 발주 개선을 진행함으로써 어려운 여건에서도 판매 호전의 기회를 만들고 경쟁점 대비 경쟁력을 발휘할 수 있는 것이다.

도표⑰ 발주개선의 진행 방법

수순	포인트
자기점포 상권과 고객층을 다시 확인함	구색과 발주를 개선하는 것은 우선 자기점포의 대상 상권과 내점하는 고객층을 다시 확인하는 것부터 시작함. 개점 후 몇 년이 경과하면 경쟁점들이 출점을 하게 되고 주요 고객층의 연령대 변화, 새로운 주민의 유입, 상업시설의 개설 등 다양한 변화가 생길 가능성도 있으며, 그에 따라 고객동선의 변화가 발생되기도 함.
시간대별 주요 고객층과 상품을 확인함	시간대별 고객층과 상품을 체크함. 같은 점포에서도 하루 중, 고객 및 이용하는 형태가 변화함. 오피스 입지에서도 점심식사 수요와 저녁 야근을 위한 식사 수요에도 변화가 생기고, 이에 따라 팔리는 상품에도 변화가 생김. 판매 데이터 등을 통해 고객층과 팔리고 있는 상품을 다시 체크함.
고객층에 맞춰 시간대별 구색을 변경	하루간의 고객층과 상품의 변화를 거쳐 시간대별로 최적의 구색을 구성해 봄. 그 결과를 다시 검증해서 구색과 발주의 최적화를 추구함. 또한 고객층별로 적절한 상품을 나타낸 상품 매트릭스를 사용해서 필요한 상품의 결품이 없는지도 체크함.
발주 수순을 재편성	사전 정보수집과 발주 수순에 대한 방법을 개선함. 사전 정보에 대해서는 날씨 · 기온의 최신 예보 체크와 주요 고객층을 차지하는 기업체 등의 상황 확인 등, 자세한 내용을 수집함. 발주 수순에 대해서 시간대별 가설 · 발주 · 검증을 해서 기회 로스를 방지하기 위한 납품작업 수순과 매장 전개에 대해서도 개선을 꾀함.

케이스 1

시간대별 고객조사로 개선

포인트 3

① 시간대별 고객층과 팔리고 있는 상품을 확인해 본다.

② 발주편별로 고객층에 맞춘 상품의 발주를 늘린다.

③ 가설과 검증을 반복해서 발주 정확도를 높여 간다.

시간대별로 고객층이 변화하고 있다

그러면 실제의 발주개선 방법을 보자. 도시락의 발주개선 사례다.

A점은 주변에 주택이 적은 도로변 입지에 있다. 가까이 공업단지가 있지만 거기서부터 내점하는 고객은 그다지 볼 수가 없다. 그런 환경에서 A점은 도시락 판매를 늘리려고 생각했고, 우선「상권의 상황」을 보는 것부터 시작했다.

분석① 내점 어프로치

A점은 사거리의 모퉁이에 있어 점포 앞 도로의 이동 차량이 적기 때문에 양방향으로부터 차량을 이용한 접근이 쉽다.

분석② 사업장과 주거 상황

A점이 출점한 동네에는 현재 대기업의 사택과 다른 기업 사업장이 있지만 양쪽 모두 규모를 축소할 계획이 있다. 점포 주변에는 주택도 적어서 주요 고객은 차량으로 내점하고 있다.

분석③ 경쟁점 상황

동네 안에 큰 쇼핑센터(SC)가 있다. 특매행사 날짜를 중심으로 쇼핑센터를 이용하는 주부가 늘어나는 경향을 보인다. 또한 도로변에는 편의점을 포함한 복수의 경쟁점 출점이 잇달아 A점의 매상에 영향을 미치고 있다.

이처럼 상권을 분석해서 A점이 고객들에게 어떻게 이용되고 있는가를 가능한 자세하게 살펴보았다.

다음으로 「도시락 판매상황」을 살펴보았다. 여기에서 간과하면 안 되는 것이 시간대별로 고객층과 판매가 어떻게 변화하는가이다.

그때까지 A점에서는 하루 중 같은 상품이 팔리고 있다고 생각했지만 실제로는 시간대별로 팔리는 상품이 변화하고 있었다. **도표⑱**과 같이, 시간대별로 내점하는 고객의 계층을 조사해서 판매수량 상위에 든 상품을 정리해 보았다. 생각했던 대로 여성고객부터 남성고객까지 고객층도 상품도 그 만큼의 차이가 있었다.

도표⑱ 시간대별 밥류 상품과 고객층 분석

야간	아침 시간대	낮 시간대
고객 동향	고객 동향	고객 동향
남성고객이 80% (1일 평균으로는 75%) 독신자 (독신으로 보이는 젊은층) 고정고객 (전체의 80%) 근로자 퇴근길의 근로자	**심야시간대 동향** (22시~2시) 퇴근길의 주점 종업원 심야에 놀고 있는 젊은층 **이른 아침시간대 동향** (5시~8시) 주부 (자녀의 아침식사 구입) 고교생 (특별활동의 아침연습) 작업자 (점심식사와 함께 구입)	**남녀비율 7:3** 근로자와 세일즈맨 등 고객층은 다양 인근 사업장의 이용 여사원 (병원으로부터도 내점) 주부 (일하는 주부와 농가) 영업차량이 들름 고정고객, 일시 내점객 실버타운 공사관계자
판매상위상품	판매상위상품	판매상위상품
• 소갈비 도시락 • 숯불구이 닭고기 덮밥 • 로스까스 덮밥 • 소고기 덮밥 • 양식 오무라이스 • 쉐프가 만든 비프카레 • 모듬 디럭스 • 오코노미 김 도시락 • 미니 덮밥 • 삼색 닭고기도시락	• 미니 덮밥 • 오코노미 김 도시락 • 소갈비 도시락 • 양식 오무라이스 • 숯불 닭고기도시락 • 로스생강구이& 치킨도시락 • 모듬 디럭스 • 소고기 덮밥 • 김밥도시락 • 삼색 닭고기도시락	• 오코노미 김 도시락 • 미니 덮밥 • 소갈비 도시락 • 모듬 디럭스 • 로스까스 덮밥 • 로스생강구이& 치킨 도시락 • 소고기 덮밥 • 삼색 닭고기도시락 • 양식 오무라이스

↓

시간대별로 고객의 선호 도시락이 차이가 남

가설과 결과의 차이를 개선해 간다

핵심은 완전한 가설을 세우는 것이 아니라 어떤 정보를 사용해 가설을 세울 것인가의 문제이다. 처음부터 정확도가 높은 가설을 찾아내는 것은 현실적으로 어려운 일이다. 따라서 가설과 검증을 반복하면서 가설의 정확도를 높여가는 것이 바람직하다.

검증을 할 때마다 필요한 정보와 데이터를 보완하면서 다음 발주를 위한 가설의 정확도를 높여가는 것이 발주개선의 목적이다.

A점에서는 첫 번째 가설수립을 시작함으로써 앞의 조사에서 명확해진 시간대별 고객층과 판매상황이 드러나게 되었다. 하루 중, 시간대별로 내점하는 고객층과 팔리는 상품이 크게 변화하고 있다는 결과를 근거로 도시락의 발주를 개선해서 그 결과를 살펴보았다.

발주 수순 재검토의 포인트는, 1일 단위로 파악했던 고객층과 판매를 더 세분화하여 시간대별로 파악해서 개선해 가는 데 있다. 시간대별로 찾는 다양한 상품을 많이 발주하면서 시간대별 고객의 니즈와 상품간의 차이를 수정한 것이다(**도표⑲**).

이러한 사고 방법으로 그 다음에 실제로 행한 발주가 **도표⑳**이다. 이런 날에는, 건설현장의 휴무일과 날씨 · 기온의 변화도 고려해 발주하는 것에 포인트를 둔다. 오늘 팔렸다고 내일도 똑같이 팔린다는 보장은 없다. 주변 사업장들의 상황과 날씨 · 기온에 따라 판매수량은 변화한다. 매일 모든 것을 제로에서 다시 출발한다는 생각으로 발주의 가설을 바꾸는 것에 주의한다.

도표⑲ 발주수순의 개선

	개선 전		개선 후
발주 전에 확인할 데이터	결품상황 …주 1회 일별 판매수량 …매일	⇒	시간대별 판매수량 … 매일
사전에 수집할 정보	요일별 특별주문 …매일 인근의 행사 …매일	⇒	시간대별 정보 도로공사는 몇 시까지 진행될까 날씨는 몇 시부터 좋아질까
발주수순	① 사전정보 확인 ② 판매데이터의 확인 ③ 3편→1편→2편의 순으로 발주 ④ 발주수량이 많은 것부터 납품	⇒	① 사전정보 확인 ② 판매 데이터 확인 ③ 시간대별 정보 확인 ④ 시간대별 가설 확인 ⑤ 시간대별 단편발주 (가설을 기반으로 팔 수 있는 상품부터 발주) ⑥ 1일 4회 매장을 변경

가설과 차이 나는 것을 다시 조사한다

이 날의 발주에서는 결과적으로는 잘된 점과 생각대로 되지 않았던 점이 있었다.

밤 시간대의 판매에서는 체감기온이 예상했던 것보다 낮아 육류가 든 도시락이 잘 팔렸다. 또한 건설현장이 휴무라고 생각했지만 실제로 공사장 관계자가 내점을 했다. 이 때문에 내점한 고객을 한번 더 분석해서 건설현장의 휴무일을 확인하게 되었다.

도표⑳ 시간대별 가설과 검증

■ 사전정보 등

일시●5월 11일(화) 5/10 3차 발주~5/11 2차 발주

날씨●흐림 하늘이 크게 개지 않음

기온●최고 20℃, 최저 14℃ 체감온도는 약간 쌀쌀함

지역●인근 사업장, 도로공사는 쉬지 않음

	밤 시간대 (17시~24시)	아침 시간대 (0시~10시)	낮 시간대 (10시~17시)
시간대별 정보와 가설	• 기온은 낮은 편 • 남성고객이 많지만 인근의 오락장을 이용하는 단골고객의 내점이 없음 • 고정고객 중 월요일에 내점하지 않는 고객이 일부 있음 • 인근에서 도로공사는 하고 있지만 작업자의 숙소가 휴무 가능성이 있음	• 주점 영업중 (종업원 내점) • 놀러 나와 돌아 다니는 젊은이들이 많음 • 객수와 고객층에 큰 변화 없음 • 아침시간에 모듬 디럭스 도시락 수요가 높음	• 여사원 내점은 보통 때와 같음 • 고객의 이야기로부터 미니덮밥에 대한 평가가 높은 것으로 판명됨 • 신상품(특선 새우덮밥)의 판매가 늘어날 것 같지만 미니 도시락류의 수요는 변화가 없음
발주	• 오코노미 김 도시락 …납품 3, 판매 6 • 갈비도시락 …납품 3, 판매 7 • 미니덮밥 …납품 0, 판매 1 • 모듬 디럭스 …납품 0, 판매 0	• 오코노미 김 도시락 …납품 4, 판매 4 • 미니덮밥 …납품 4, 판매 3 • 모듬 디럭스 …납품 3, 판매 2 • 소갈비도시락 …납품 4, 판매 2	• 모듬 디럭스 …납품 5, 판매 5 • 갈비도시락 …납품 6, 판매 4 • 오코노미 도시락 …납품 7, 판매 3 • 미니덮밥 …납품 7, 판매 1
검증과 정보	• 체감온도가 빨리 낮아져 육류가 든 도시락이 예상 이상으로 팔림 • 휴일로 예상되었던 공사장 인부들이 내점해서 도시락 판매수량이 늘어남 →작업자 숙소의 정보는 다시 확인 필요	• 심야 상황은 사전정보 그대로임 • 이른 아침은 아침식사 수요로 오코노미 도시락의 판매가 호조 • 갈비도시락은 심야에 판매가 있었지만 이른 아침은 판매가 없음 →아침식사 수요 도시락은 점심식사용으로도 이용 가능한 상품으로 나누어 진열할 필요가 있음	• 여사원 내점이 예상 이상으로 적었음 • 남성고객이 「특선 새우덮밥」을 구입했기 때문에, 미니덮밥의 판매가 늘어남 →사업장은 휴무가 아니지만 여사원 내점이 적었던 이유를 명확히 확인해야 함

도표㉑ 도시락 발주와 판매수량의 추이

월	3월		4월					5월
일	15~21	22~28	29~4	5~11	12~18	19~25	26~2	3~9
발주수량	170	199	192	183	168	156	178	183
판매수량	165	191	182	174	157	138	174	165
판매수량 전년대비 (%)	91	94.3	88.3	91.7	102.5	90	111.5	119.1
아이템수	17	17	17	17	17	17	17	18

아침시간 대에는 아침식사용 김 도시락이 팔렸다. 점심시간 대에는 어떤 이유인지는 모르지만 여사원들의 내점이 적어서 미니덮밥의 매출이 좋지 않았다.

이 결과를 받아들여, 사업장은 모두 근무를 하고 있었음에도 어떤 이유로 여사원들의 내점이 적었는가에 대해서도 재조사하게 되었다.

이처럼 판매결과를 근거로 다시 한번 정보를 수집하고 조사해서 가설을 다시 한번 더 변경하고 다음 발주로 이어지게 한 것이다.

발주 정확도의 개선은 실패에 의해서도 이루어진다. 실패의 이유를 분명히 함으로써 다음 발주로 이어지게 하는 것이 매우 중요하다. 매일 같은 시간에 내점하는 고객이라도 날짜에 따라서는 원하는 상품이 변하기 마련이다.

또한 실제 발주에서는 어떤 상품에 중점을 둘 것인가, 다른 상품의 발주는 어떻게 할 것인가 등 전체적인 밸런스도 보면서 발주할 필요가 있다. 이러한 가설과 검증을 반복하는 것으로 전년보다 낮았던 A점의 도시락 매상이 높아지게 되었다(**도표㉑**).

케이스 2 발주 분담으로 정확도를 높인다

포인트 3

① 점주 한 사람이 모든 발주를 할 수는 없다.

② 선입견이 없는 신입 직원에게 부진한 상품부문을 맡긴다.

③ 발주 의도를 진열에 반영한다.

발주 분담으로 발주력을 높인다

B점의 발주 개선 사례는 직원들의 도움을 받아 발주개선 노력을 했다는 데 있다. 발주의 중요함을 느껴도 점주 한 사람이 모든 발주를 할 수 있는 것은 아니다. 반대로, 가능하다 해도 가설 수립에 소홀하거나 생각한 것과 같은 성과를 거두기는 쉽지 않다. 또는 「어제만 같아도 좋겠다」라는 자신과의 타협은 대량의 기회 로스와 폐기 로스를 부르기 쉽다.

B점의 「상권 상황」은 다음과 같았다.

분석① 입지의 특성

B점은 상점가의 중심에 위치해 있다. 5년 전에 주류 판매점에서 편의점으로 업태를 전환한 점포다.

도표㉒ 내점객과 주변지역 거주자의 연령 구성비(%)

	B점내점객 연령구성	거주자의 연령구성				
		C동 1번지	C동 2번지	C동 3번지	D동	E구 전체
50세 이상	14	47.7	43.5	41.9	28.7	37.2
30~49세	53	23.1	25.2	26.2	29.7	28.2
15~29세	29	17.9	20.4	20.5	23	22.2
15세이하	4	11.4	10.9	11.4	18.6	12.5

분석② 상권 내 주거 특징

가깝게는 고령자가 많은 시영주택단지 외에 인근 공장에 근무하는 사람들의 단독주택도 많이 보인다. 또한 대학생이 사는 원룸도 주변에 산재되어 있다.

분석③ 경쟁점 상황

상점가에 슈퍼마켓이 있고 1km 이상 떨어진 곳에 대형마트가 출점해 있다. 대학 정문 앞에도 편의점이 있다.

그리고 시, 구, 동의 행정 데이터를 활용해 주변 고객층도 확인했다.

분석④ 상권 내의 거주자 연령 구성

B점 주변은 다른 지역과 비교해서 고령자의 수가 현저히 많은 상황이다. 대학 주변에는 대학생이 많이 살고 있다. 행정 데이터로는, 주변에 고령자와 대학생이 많이 살고 있는 것으로 나타났지만 실제로 내점하는 고객은 30~40대 연령층이 중심이었다.

이 때문에 B점에서는 내점하고 있는 고객을 시간대별, 남녀별로 살펴보았다. 그 결과, 다음과 같은 것을 알 수 있었다.

- 아침 : 공사장 관계자, 가까운 역까지 출근 도중에 들르는 회사원, 가까운 공장에서 철야 근무 후 퇴근하는 사람
- 점심 : 가까운 곳에 살고 있어 슈퍼마켓 쇼핑 후 들른 주부
- 밤 : 대학생, 퇴근 후 귀가하는 회사원과 여사원
- 심야 : 젊은 그룹, 대학생, 전철역 앞 먹자 골목에서 근무하는 사람

발주 분담을 하는 환경을 만든다

B점에서는 근무를 시작한 지 2개월 된 25세의 신입 아르바이트 직원에게 발주를 맡기는 것을 생각하였다. 그 직원에게 담당하게 한 것은 샌

도표㉓ 직원의 발주분담

테마	조리 빵의 발주개선	• 담당자는 다른 점포에서의 발주경험이 있는 입사 2개월의 25세 신입 아르바이트 직원. • 조리빵은 샌드위치 중심으로 판매수량이 침체 (대처 전에는 전년 동기 대비 93% 실적). 도시락의 단품관리에 의한 개선방법을 적용 가능할 수도 있음. • 이제 갓 몸에 익힌 사람 쪽이 선입견 없는 발주가 가능. • 신입직원 교육과 동시에 영업에 대한 사고방식을 이해시킴.
문제점	아이템의 고정화	대처 전에는 1일 9아이템으로 고정화. 아메리칸 클럽샌드위치, 로스샌드위치, 해산물 치킨샐러드 샌드위치가 신규 도입되지 않은 상태임.
	모방 발주	전주, 전일의 상황을 확인해서 발주했기 때문에 폐기→발주 감량, 결품→발주 증량을 반복했다. 가설에 일관성이 없이 날짜별 정보에만 의지했었음.
	상품별 발주	밤시간 대→아침시간 대→점심시간 대의 발주가 진행됐었음.

고객을 소중히 생각하는 발주의 중요성을 인식시킴

드위치와 롤빵 등의 「조리 빵」 카테고리였다.

B점의 점주는 다음과 같이 생각해서 담당자와 카테고리를 결정했다.

이유① 숫자가 나쁜 카테고리를 고른다

샌드위치를 중심으로 조리 빵의 판매가 좋지 않아서, 몸에 익은 방법

도표㉔ 발주방법의 개선

밤시간 대	아침시간 대	낮시간 대
고객 동향	고객 동향	고객 동향
• **남성고객이 75%** 독신자(공장근로자, 학생) 퇴근 후 귀가 회사원 퇴근 후 귀가 여사원 주부 • **사무실 근무자가 많음**	• **심야시간대 동향** (22시~2시) 주점 종업원 심야에 놀러나온 젊은층 • **이른 아침시간대 동향** (5시~9시) 작업자 도로공사 업무종료(6시)	• **남녀비율이 5:5** 인근 주부고객의 점심식사 수요 회사원, 상점가 종업원, 고령자 • **고정고객이 매우 많음**
판매상위상품	판매상위상품	판매상위상품
• 햄야채샌드위치 • 믹스샌드위치 • 치킨샌드위치 • 버라이어티샌드위치 • 참치,계란샌드위치	• 햄야채 샌드위치 • 믹스 샌드위치 • 참치,계란 샌드위치 • 치킨 샌드위치 • 버라이어티 샌드위치	• 햄야채 샌드위치 • 버라이어티 샌드위치 • 믹스 샌드위치 • 치킨 샌드위치 • 참치,계란 샌드위치

↓

취급상품이 시간대별 고객층에 적합한가를 담당자와 대화하여
종래에 취급하지 않았던 새로운 상품을 도입했다

신규상품 없음	아메리칸클럽 샌드위치 (이른 아침 기온 강하에 대응)	로스햄 샌드위치 (여성고객의 이용을 기대)

으로 뭔가 개선을 할 수 있지 않을까 생각해 보았다.

이유② 선입견이 없는 직원을 고른다

발주를 이제 갓 몸에 익힌 사람 쪽이 선입견도 덜하고 발주에 힘쓰지 않을까 하는 생각을 해보았다.

이유③ 장사를 이해하도록 한다

신입직원의 교육을 겸해서, 발주라는 업무를 통해서 편의점 영업을 이해시킬 수 있지 않을까라고 생각해 보았다.

직원에게 발주를 맡기는 경우, 적어도 점주와 점장이 발주의 수순을 이해하는 것은 당연히 필요하다. 이때에는 가설과 검증을 함께 해서 그 사고방식을 몸에 익히도록 하는 것이 가장 중요하다. 특히 가설을 이끌어내기 위한 사고 방법의 프로세스를 반복 설명할 필요가 있다.

폐기 로스를 예산에 반영한다

조리 빵 발주를 맡기는 것에 대해서는 몇 가지의 불안함도 있었다.

한 가지는 카테고리의 아이템 수가 한정돼 있다는 것이다. 즉석밥 등과 비교하면 판매수량도 적어서 시간대별 발주가 고정돼 버리는 경향도 있기 때문이다.

또한, 정직원이 담당하게 되면 아무래도 방어적인 발주가 되기 쉽다. 가설로는 좀더 발주가 가능함을 알고 있어도 폐기에 대한 걱정 때문에 적극적인 발주를 억누르게 되는 것이다.

따라서 이것만으로는 발주의 정확도가 높아지지 않고 매상 개선도 기대할 수 없게 된다. 이러한 걸림돌을 없애기 위해 B점에서는 폐기 로스에 대한 예산을 반영해서 그 활용 방법도 직원에게 맡기기로 하였다.

가설에 따라 강력하게 발주를 해도 생각한 만큼 성과가 나타나지 않는 경우도 있다. 특히 신출내기 담당자라면 그런 가능성이 더욱 높을 것이다. 그렇다고 점주가 세세한 것까지 이야기하게 되면 해당 직원의 의욕을 꺾는 결과가 될 수 있다.

폐기 로스의 예산 반영은 리스크 회피를 넘어 발주가 위축되는 것을 방지하는 데 가장 효과적인 방안이었다. 폐기 로스의 예산 반영을 직원에게 맡기는 것은 경영적인 부담도 생기는 것이므로 점주 입장에서는 반감도 있었지만 굳이 예산 반영이라는 방법을 채택해 이를 직원에게 맡긴 것이다.

또한 가설을 세워 검증을 하는 습관을 만들었다.

정확한 검증을 하기 위해서는 확실한 이유에 의한 가설을 세울 필요가 있다. 「왜 그런 구색을 갖추었는가」「왜 그런 수량을 발주했는가」라는 것을 노트에 반드시 글로 남기도록 했던 것이다. 검증을 할 때에는 이 노트 메모를 다시 보며 가설과의 차이점은 없었는가를 본인과 협의해서 그 반성할 점을 다음 발주에 활용하도록 만들었다.

발주를 위해서 비용과 시간도 가능한 확보하였다. 편의점 업무는 매우 바쁘게 돌아간다. 발주와 진열, 창고에서 상품을 꺼내오는 일 외에도 접객과 청소, 카운터FF의 관련 작업 등 다양한 일을 처리해야 하기 때문이다.

그렇지만 그런 분주함에만 얽매어 있으면 발주 개선은 진행될 수가 없다. B점에서는 점포 전체에서 작업을 맞춰 나가며 발주에 비용과 시간을 가능한 확보하여 정확한 가설을 세울 수 있도록 환경을 정비했던 것이다.

시간대별 가설을 매장에 반영하는 시도

B점은 일배상품 전체의 판매를 늘리기 위해서 매장에서의 상품전개 강화에 착수하였다.

발주의 관리포인트 하나가 매장 만들기이다. 발주를 강화하는 것에는 가설에 기반해서 발주를 함과 동시에 그것을 매장에 반영하는 노력이 중요하다. 발주 담당자와 매장 담당자의 이해에 차이가 있어도 가설에 기반한 매장 전개가 되지 않으면 결과적으로 불필요한 폐기 로스가 발생하기 때문이다.

B점은 「매장진열 지시서」를 만들어 발주 담당자의 의도를 매장 판매 담당자에게 정확히 전달하도록 하였다. 또한 일배상품의 진열위치를 시간대별로 변경하는 것을 고려하였다. **도표㉕**와 같이, 시간대에 의해 고객층과 상품이 바뀌기 때문에 시간대별 주요 상품 카테고리를 시인성이 높은 상태로 전개하도록 하였다.

발주 담당자가 신상품 정보와 기상 정보를 근거로 가설을 세워 다양한 카테고리에 대해서 시간대별 상품의 진열위치를 미리 결정하는 방법을 채택하였다. 카테고리간 조정 등 최종적인 정리는 점장이 담당하였다.

판매 당일의 기상예보가 발주 직전에 변경되는 등 가설과 큰 차이가 나는 상황이 발생한 경우에는 점장이 수시로 진열 위치를 개선해서 매상의 극대화를 추구하도록 하게 된 것이다.

검증에 대해서도 B점은 발주 분담을 전제로 담당자 자신이 판매 결

도표㉕ 가설과 매장변경의 실시

대처 전 매장

<table>
<tr><td>2개입 삼각김밥</td><td rowspan="3">샌드위치</td><td>가공육</td><td>유제품</td></tr>
<tr><td>손말이 삼각김밥</td><td>냉면</td><td rowspan="2">안주</td></tr>
<tr><td>직말이 삼각김밥</td><td rowspan="2">용기면</td></tr>
<tr><td>초밥, 밥</td><td>롤빵</td><td rowspan="2">반찬</td></tr>
<tr><td rowspan="2">도시락</td><td>샐러드</td><td>냄비면</td></tr>
<tr><td>스파게티</td><td>스파게티</td><td>도리아, 그라탕</td></tr>
</table>

가 설

- 시간대별 가설 없이 하루를 같은 매장으로 지속했음.
- 주류를 취급하기 때문에 밤시간 대를 중심으로 반찬 부분을 확대해서 즉석밥 케이스 옆으로 이동함.
- 샐러드와 샌드위치는 고객 동선 정면에 배치해서 주부고객과 여성고객의 이용을 촉진함.

대처 후 매장 → 밤시간 대를 중심으로 매장변경을 시행

<table>
<tr><td>2개입 삼각김밥</td><td rowspan="6">반찬
안주</td><td>가공육</td><td>유제품</td></tr>
<tr><td>손말이 삼각김밥</td><td rowspan="4">샌드위치
롤빵</td><td rowspan="4">조리면</td></tr>
<tr><td>직말이 삼각김밥</td></tr>
<tr><td>초밥, 밥</td></tr>
<tr><td rowspan="3">도시락</td></tr>
<tr><td rowspan="2">샐러드</td><td rowspan="2">다과</td></tr>
<tr><td>냄비면</td></tr>
</table>

과를 검증해서 그 내용을 다른 직원과 공유하는 것으로 점포 전체의 운영능력 제고와 도덕성 향상을 꾀하였다. B점의 시간대별 매장 전개에서 간편식 반찬은 즉석밥의 옆 쇼케이스에 전개하였지만 연관 판매에 따른 판매효과는 그다지 나타나지 않았다.

조리 빵과 연관성을 강화해 상품부문을 확대한 샐러드 상품은 대처를 시작한 지 2주일 이후부터 숫자상의 개선을 확인할 수 있었다.

케이스 3

시간대별로 상위상품을 활용한다

실태를 파악하는 것으로 증량발주에 탄력을

C점은 도시락의 일일 판매 수준이 낮아 폐기 로스가 두려워 충분한 증량발주[3]를 할 수 없던 점포였다. 하지만 시간대별 상위상품과 결품 상황을 명확히 하는 것으로 시간대별로 탄력적인 발주를 할 수 있게 되어 갔다.

C점은 차량 통행이 많은 지방 국도변의 점포로서 주변에는 사업장과 자동차판매대리점 등이 있었다. 아침에는 가까운 사업장의 사람들과 공사장 관계자가 많고, 낮에도 사업장 관계자와 자동차대리점을 방문한 고객이 많은 점포였다. 그렇지만 일배상품의 매출이 부진해서 점장도 발주 담당자도 도시락의 발주를 늘리는 것에 미온적이었다.

C점의 발주 개선에 계기가 된 것은 시간대별로 판매와 결품, 폐기 수량을 관리하게 되면서였다.

도표㉖과 같이, 다양한 숫자를 기간별로 집계해서 판매수량이 많고 또한 결품도 많은 상품에 대해서는 고객 니즈가 높은 상품으로 가설을 세워 증량발주를 시행했다.

3_증량발주 전회 발주에 비해서 상품 수량을 늘려서 발주하는 것.

도표㉖ 도시락 시간대별 상위상품

시간대	순위	판 매	결 품	폐 기
아침	1위	햄버거도시락	갈비도시락	삼각김밥세트
	2위	갈비도시락	김 도시락	생강구이도시락
	3위	볶음밥	볶음밥	김 도시락
낮	1위	고기덮밥	김 도시락	볶음밥
	2위	중화덮밥	생강구이도시락	고기덮밥
	3위	갈비도시락	볶음밥	중화덮밥
밤	1위	햄버거도시락	비빔밥	비빔밥
	2위	갈비도시락	햄버거도시락	김 도시락
	3위	모듬도시락	갈비도시락	중화덮밥

폐기율과 결품율이 높은 상품은 일별 · 시간대별 숫자를 확인해서 대책을 검토했다. 또한 아침 · 낮 · 밤 시간대와 매 시간대별 고객층을 조사해 상품과의 상관관계를 찾도록 했다.

이러한 대처에 의해 시간대별 상품의 움직임을 알게 되었고, 그 후 부터는 같은 요일의 시간대별 상황을 확인하고 가설의 정확도를 높여 대처를 하게 되었다.

기회 로스를 보인 상품의 증량발주에 의해 도시락 카테고리의 판매 수량이 전년도의 매상을 넘어서게 되었고, 그후 다른 상품 카테고리에서도 같은 방식의 대처를 하는 등 발주 정확도 개선에 성공하였다.

케이스 4 가설에 기반한 발주의 변화

기회 로스 · 폐기 로스가 적은 모범 점포

D점은 대로변이 아닌 간선도로에 출점한 점포이다. 아침시간은 출근 시에 들르는 고객이 많고 낮 시간은 사업장과 인근 지역의 주부들, 밤 시간대는 귀가하는 회사원과 학생이 많이 찾는 점포이다.

이 점포는 직원들에 의한 발주분담이 이루어져, 단품별로 판매와 결품의 확인이 철저하게 이루어져 매장 내 상품 전개에 대한 관심도 높다는 특징이 있었다. 특히 도시락에 대해서는 기회 로스와 폐기 로스도 적어 이른바 발주에 있어 모범적인 점포라고 말할 수 있었다.

도표㉗은 D점의 주요 도시락 상품의 납품 수량과 판매 수량의 추이를 표시한 것이다. D점에서 대처하는 발주 방식의 특징은 가설과 검증이 확실하게 이루어지고 있다는 것이었다.

도표의 돈까스 덮밥은 매일 같은 수량을 받는 것이 아니라 날씨 · 기온 등의 정보에 기반해서 매일의 발주 수량을 수정하고 있다. 또한 돼지갈비 도시락 등은 납품 수량과 판매 수량의 과부족이 없었던 날의 다음 날에는 증량발주를 하고 있음을 보여준다.

매트릭스를 활용해 내점하는 고객층에게 필요한 구색을 확보하고 있다. 돈까스 덮밥과 모듬 도시락, 돼지갈비 도시락 등 하루 10개 이상을 판매

도표㉗ 도시락 납품과 판매수량 추이

상품	실적	9월 19일	9월 20일	9월 21일	9월 22일	9월 23일	9월 24일	9월 25일	9월 26일
		일	월	화	수	목	금	토	일
돈까스 덮밥	납품수량			12	14	18	16	15	13
	판매수량			12	16	14	14	14	16
모듬 도시락	납품수량	13	10	9	12	12	11	12	10
	판매수량	11	10	8	12	11	8	12	12
돼지갈비 도시락	납품수량	3	6	4	5	8	5	7	10
	판매수량	3	4	4	5	5	5	7	10
양식모듬 도시락	납품수량	9	8	7	5	8	5	9	7
	판매수량	11	8	5	6	8	3	9	8
김 도시락	납품수량	8	7	7	5	8	7	9	10
	판매수량	7	7	5	6	8	7	10	7
일본풍 햄버거 도시락	납품수량	5	5						4
	판매수량	4	6						4
버섯밥	납품수량	6	3	0	2	2	2	2	0
	판매수량	2	3	0	2	1	3	0	0

하는 상품에 대해서 페이스 확대 등으로 높은 판매 수량을 유지하는 한편 판매 수량은 적지만 시니어고객과 여성고객들이 선호하는 버섯밥도 구색을 확보하고 있었다. 계절성이 강한 상품으로서 상품 사이클이 끝나가는 무렵이라 판매종료 시기를 고려 중인 일본풍 햄버거도시락으로 발주를 교체하는 등 상품에 대한 타이밍도 결정되고 있음을 알 수 있다.

제 4 장

「발주력」 향상 포인트

10계명 요점을 파악해서 발주력을 높인다

포인트 3

① 과거 데이터만으로 내일의 일을 판단하지 않는다.

② 분류의 발주 총수량에 상한을 두지 않는다.

③ 한 사람의 고객을 위한 매장을 만들어서는 안된다.

실제 발주를 할 때에는 폐기에 대한 걱정이 머리를 스쳐 무기력한 발주가 되기 쉽다. 그로 인해 기회 로스를 부르는 경우가 자주 있는데, 이래서는 매상이 좀처럼 오르지 않고 치열한 경쟁에서 이겨 나가기도 어려울 것이다. 그러면, 발주를 하면서 「하면 안 되는 것」에는 어떤 것이 있을까.

1. 과거 데이터만으로 내일의 일을 판단하지 않는다

POS 관련 데이터는 점포에 있어 매우 중요한 것이다. 그런데 이런 데이터를 과신해서 POS 데이터만으로 다음날 이후의 발주를 판단하는 것은 위험하다.

예를 들어, 10개 발주한 상품이 5개밖에 판매되지 않고 5개가 폐기된

도표㉘ 발주개선을 위한「십계명」

1. 과거 데이터만으로 내일을 판단하지 않는다	POS 데이터만을 보고 판단하면 축소균형에 빠질 위험이 큼. 10개를 받아서 5개밖에 팔리지 않으면 그 이유를 명확히 해서 다음 발주 수량을 결정해야 함.
2. 상품 발주 총수량에 상한선을 두지 않는다	과거 실적에서 발주 총수량에 갭이 있으면 매상의 확대는 기대하기 어려움. 단품관리를 통해 판매를 늘릴 수 있다면, 그 수량을 늘리는 것을 기본으로 발주를 해야 함.
3. 상품을 줄이는 경우 판매호조 상품을 피한다	어떻게 해도 판매 총수량을 관리해야하는 경우에는 판매하위의 상품부터 발주를 재검토함. 발주수량이 많은 상품부터 재고를 줄이면 상위상품의 기회 로스와 하위상품의 폐기 로스를 부를 위험이 있음.
4. 매일 같은 수량으로 발주하고 있는가?	일손이 부족하다는 이유 등으로 평일과 같은 발주수량을 고집하는 점포도 적지 않음. 하지만 이렇게는 매상을 올리기 어려움. 날씨 · 기온 등의 조건을 고려해서 제로 베이스로 발주를 해야 함.
5. 한 사람의 고객을 위한 매장이어서는 안 된다	「고객을 중요하게 생각한다」라는 이유로 매장을 고정화해서는 안됨. 신상품과 기존상품의 균형을 생각해서 반드시 신상품을 나란하게 진열해서 신선한 매장을 목표로 해야 함.
6. 발주는 결코 단독으로 해서는 안 된다	오너와 점장이 혼자서 발주하더라도 무리한 결과가 됨. 억지로 이를 하려 하면 발주 정확도가 반드시 떨어지게 됨. 발주분담 시스템을 구축해야 함.
7. 점장은 실제로 발주작업을 하지 않는다	점포 관리자인 점장이 직접 발주를 해야 하는 것은 아님. 발주분담 시스템을 만들어 발주의 전제가 되는 정보공유와 직원간 소통능력에 힘을 쏟아야 함.
8. 점장은 담당자가 입력한 숫자를 변경하면 안 된다	담당자가 행한 발주를, 자신의 생각과 다르다고 해서 점장이 이를 바꾸면 발주분담도 엉망이 됨. 사고방식이 다르다면 그 이유와 배경의 정보를 확인해야 함.
9. 검증을 발주담당자 한 사람에게 맡겨서는 안 된다	검증작업은 담당자 한 사람에 맡겨서는 안됨. 검증작업은 바로 발주교육의 근간이기 때문임. 결과에 상관없이 점장과 담당자로서 결과의 검증을 신중하게 해야 함.
10. 판매 저조 상품을 보고도 외면하면 안 된다	판매 저조 상품의 판단은 어렵지만 매출이 없는 상품을 그대로 방치하면 신상품의 도입도 어려워지고 매장이 진부하다는 느낌을 주게 됨. 판매 저조 상품의 배제는 의식적으로 해야 함.

경우를 생각해보자. 이러한 경우, POS 데이터만을 보고 발주를 하면 필시 5개 이상을 발주하는 일은 아마도 없을 것이다. 5개를 발주하면 5개를 판매해서 폐기가 없을 것이라고 생각하기 때문이다.

하지만 이런 사고방식은 위험하다. 과부족 없이 완판을 하는 경우는 있을 수 없기 때문이다.

우선, 왜 5개밖에 팔리지 않았을까를 생각할 필요가 있다. 원래 그 상품은 10개가 필요했을까. 다양한 정보를 통해 10개가 필요하다고 판단했겠지만, 그 정보가 틀리지 않았는가를 검증하는 게 중요하기 때문이다. 예상했던 고객 수와 고객층을 벗어나면 정보의 정확도 자체를 재검토할 필요가 있다.

또한 매장의 상태도 확인해야 한다. 한 가지 상품을 10개 팔려고 하면 상당한 공부가 필요하다. 눈에 띄는 곳에 진열은 가능한가, 페이스를 충분히 확보할 수 있는가, 판매 후 매장의 부족한 부분을 보완했는가, POP를 부착했는가 등등. 한 가지씩 철저한 대처를 해 나아가지 않는다면 10개를 전부 판매한다는 것은 불가능하다.

마지막 한 개는 좀처럼 팔리지 않는다는 것도 생각해 둘 필요가 있다. 5개밖에 팔리지 않았다면, 다음날은 5개의 발주로 과부족이 없을 것이라는 판단은 지나치게 낙관적이다. 아마도 3개 정도의 판매밖에 되지 않을 것이다.

5개를 발주해 3개가 판매되면 다음 발주는 아마도 3개가 될 것이다. 그러면 어떻게 될까? 만약 힘이 있는 상품이라도 그 상품의 잠재력을 점포 자신이 없애버리는 결과를 만드는 것이다.

이렇게 POS 데이터만을 보고 하는 발주는 상품력을 충분히 고객에게 어필할 수 없게 만든다.

2. 발주 총수량에 상한을 두지 않는다

혹시 어떤 근거도 없이 판매수량의 상한선을 정해두고 있지는 않는가.

상품력을 검토해서 단품별로 발주량을 합쳐가다 보면 예상보다 많아져 버릴 수가 있다. 이러한 것을 예방하기 위해서 발주 총수량에 상한을 설정해서 그 범위 내로 발주하기가 쉽다. 「우리 실력은 이 정도라서….」라며 발주를 삼가게 되는 것이다.

그렇지만 그것은 고객을 향해 「우리는 이 정도만의 상품밖에 없습니다」라고 선언하는 것과 다를 바가 없다. 다음날이 월급날이고 날씨가 좋음에도 불구하고 그때까지의 판매수량 상한만을 보고 과감히 발주할 수가 없게 되어 버리는 경우인데, 이는 매우 안타까운 현상이다.

정보를 확실히 수집해서 단품별로 어디까지 팔릴 것이라고 예상한다면, 단품별로 발주의 이유를 명확히 한 이후에 과감한 발주를 해야 한다. 발주를 예상한 결과, 총수량이 지금까지의 실적을 상회했다 해도 그 숫자를 믿고 발주 수량을 결정해야 한다.

타 업태를 포함한 경쟁환경에서 가장 주의해야 하는 것은 기회 로스에 의해 고객의 신뢰를 잃는 것이다. 점포를 계속해서 번창시키기 위해서는 극복해야 할 벽(발주 수량)이 반드시 있기 마련이다.

3. 발주량을 줄일 경우 잘 팔리는 상품은 피한다

발주 수량을 예상할 때 전체 발주 수량을 줄이지 않으면 안 되는 경우도 있을 수 있다. 이럴 때는 어떤 상품을 우선적으로 줄여야 할까?

자주 하게 되는 생각은 판매가 잘 되는 상품(발주 수량이 많은 상품)을 줄이는 것이다. 잘 팔리는 상품 물량을 줄이면 과감한 감량이 가능하겠지만 과연 발주는 어떻게 될 것인가?

예를 들어, 잘 팔리고 있는 모듬 도시락을 10개, 팔리지 않는 고기덮밥을 3개 발주했다고 가정해 보자. 발주 총수량을 낮추기 위해서 5개 정도 발주를 축소하는 경우, 어떠한 방법으로 감량을 해야 할까.

자주 눈에 띄는 경우는, 모듬 도시락이 너무 많다고 생각해 모듬 도시락 3개를 줄이고, 고기덮밥 2개(그 이상의 감량은 불가능)를 줄인다. 이 경우, 모듬 도시락이 전부 팔려 버리고, 반대로 덮밥이 1개 남게 되는 경우가 많다. 모듬 도시락에서 기회 로스가 발생하고 고기덮밥에서는 폐기 로스가 발생되어 매상과 이익 모두를 확보하지 못하는 경우인데, 흔히 빠지기 쉬운 함정이다.

따라서 발주 총수량을 줄이는 경우에는 우선 팔리지 않는 상품부터 감량하는 것이 포인트이다. 팔리고 있는 상품을 불필요하게 감량하면 그 판매력을 꺾는 결과를 낳는다.

또한 판매순위 하위의 상품은 왜 팔리지 않는가를 생각할 필요가 있다.

이유는, 고객의 니즈가 적어서 판매가 늘어나지 않는 것이다. 고객층이 한정된 상품(고기덮밥의 경우, 남성 고객의 니즈는 강하지만 여성 고객의 니즈는 약하다고 예상된다)은 정상 상품이라도 타깃 고객수가 적기 때문에 판매 물량에 한계가 있다.

반대로, 고객층을 넓게 겨냥한 상품(모듬 도시락 등)은 타깃 고객 수 자체가 많기 때문에 가능한 발주를 줄이는 일은 피해야 한다. 재고가 많은 것부터 줄여야 하지만 이러한 것도 고려해서 감량할 필요가 있다.

4. 매회 같은 발주량이 통하지 않습니까?

정보를 수집해서 발주한다고 해도 매일 작업에 쫓기면 성가신 일이 되기 쉽다. 또한 인력의 부족으로 발주에 충분한 시간을 쏟지 못해서, 결과적으로 매회 같은 물량으로 발주(특히 평일은 같은 발주량으로 대응)하는 경우도 많다.

하지만 점포의 상황과 고객의 생활은 매일 바뀐다. 평일과 휴일, 월급날과 연금 수령일 전후에는 고객의 형편도 달라진다. 날씨와 기온도 매일 바뀐다. 여름철이라서 항상 기온이 높은 날에도 고객의 기호와 생활 변화는 계속 일어난다.

이러한 변화를 정확하게 찾아내 상품 구색과 발주 수량을 바꾸는 것으로 고객이 상품에 관심을 갖도록 해야 하고 새로운 상품을 집을 기회를 많이 제공해야 한다.

「판매량이 바뀌지 않아서」「우리 고객은 정해져 있어서」 등 이유는 많을 것이다. 하지만 매일 같은 것을 반복할 때는 점포가 성장할 수 없다. 매일의 발주를 제로 베이스에서 생각할 때 매장에 활기와 변화가 생기고 고객의 지지가 높아지는 것이다.

5. 한 사람의 고객을 위한 매장을 만들어서는 안 된다

「고객을 우선으로」「고객 니즈에 대응한다」…. 이러한 자세가 점포의 사명인 것은 더 이상 논할 필요가 없다. 그러나 고객의 니즈에 대응하는 것도 중요하지만 그것으로 매장이 경직된다면 본말이 전도되는 것이다.

매일 이용해 주는 고객이 원하는 상품이라서 절대로 결품이 없도록 언제나 같은 위치에 같은 상품이 있도록 하는 것은 소매업의 이상적인 모습일 것이다.

다만, 편의점은 매장 면적과 진열 면적에 한계가 있다. 또한 제조업체의 상품 개발이 활발해서, PB상품의 투입도 몰아치듯 활발하며 본부가 권장하는 신상품의 숫자도 늘어나는 추세이다. 편의점 체인기업들간, 편의점 점포들간의 경쟁이 격화되는 가운데 신상품 도입의 결과는 점포에 따라 치명상이 될 가능성도 있다.

한 사람의 고객을 소중하게 생각하는 것도 중요하지만, 큰 관점에서 판매량의 확보를 예상할 수 있는 신상품과의 균형을 생각할 필요가 있다. 「언제나 무엇인가 새로움이 있다」고 하는 기대감은 편의점의 중요한 경쟁력이다. 신상품 도입이 늦어지는 상태가 계속되면, 매력 없는 점포라는 인상을 고객에게 줄 수밖에 없다. 고객 한 사람 한 사람이 중요하지만, 보다 중요한 것이 없을까 잘 생각해서 행동해야 하는 것이다.

6. 발주는 절대로 한 사람이 해서는 안 된다

인력부족과 직원 교체가 어려운 상황이 계속되면서, 발주 작업도 한정된 인원으로 할 수밖에 없다. 하지만 약 3,000 아이템의 상품을 소수 인원이 발주한다는 것은 간단한 일이 아니다. 분명한 것은, 하겠다는 의지가 있으면 소수의 인원으로도 가능하지만 발주의 정확도가 떨어지는 것은 확실하다.

지금까지 이야기한 바와 같이 매출의 변화는 다양한 이유에 따라 발생한다. 매장과 창고 스페이스가 한정되어 있는 편의점의 경우, 상품 회전을 높이는 노력을 게을리하면 곧바로 상품이 진부해져서 점포로서의 매력은 상실된다. 또한 상품의 움직임을 자세히 보지 않고 단지 보충한다는 생각으로 발주하면, 날씨 · 기온과 지역 행사 등에 대응하지 못하고 기회 로스가 발생되어 고객의 신뢰도 잃게 되는 결과를 낳는다. 점포에서 가장 피해야 하는 경우인 것이다.

발주로부터 납품 그리고 매장 전개까지의 일련의 작업은, 발주한 상품을 활성화시켜 고객의 선택 가능성을 높이는 것으로 이어진다. 결국 발주의 입력 작업에 그치지 않고 매장을 만들고 고객에게 어필함으로써 판매 실적을 다른 상품으로 이어지게 하는 것이 발주라고 하는 중요한 작업인 것이다.

한 사람이 모든 발주를 하는 것이 아닌, 점포 전체의 발주 분담을 전제로 시스템을 구축해야 한다. 판단이 어려운 상황에서는 어떻게 발주를 해야 하는가 등 직원의 발주 교육을 철저하게 하는 것이 중요하다.

7. 점장은 실제 발주 작업을 하지 않는다

점장(혹은 점주) 자신이 근무계획표에 포함되는 경우, 폐기 로스 등의 코스트를 염두에 두고 업무를 할 수 있어 스스로 발주하기 쉽다. 하지만 점장은 발주 작업과는 거리를 두는 것이 기본이다. 이렇게 말하면 「뭐? 있을 수 없는 일이야」라고 생각하는 사람도 많겠지만, 우선 점장의 업무는 자신이 직접 발주할 필요가 없는 점포 운영 체계를 만드는 것이다.

점장은 점포 전체를 컨트롤하는 것이 업무이다. 예를 들어, 각각의 발주 담당자가 제각기 다른 방식으로 수집한 정보와 인식으로 발주한다면 매장은 어떻게 될까. 말할 것도 없이 기회 로스와 폐기 로스 모두 크게 발생돼 모처럼의 발주 분담이 점포의 발목을 잡는 결과를 부르게 될 것이다.

하지만 앞에서 말한 대로 과감하게 직원에게 발주를 맡겨, 한 사람이 담당하는 발주 수량 상품을 최대한 줄일 경우, 상품 하나에 쏟는 발주시간은 늘어나고 판매 동향을 적절하게 반영한 발주가 가능해진다.

이를 위해서는 정보의 정확도를 확인하고 직원과의 커뮤니케이션과 의견 통일을 통해 판매전략과 방침을 철저하게 계획해 가는 것이 필요하다. 이것만으로도 점장의 중요한 역할을 완수했다고 할 수 있다.

8. 점장은 담당자가 입력한 숫자를 손대서는 안 된다

직원이 한 발주를 본인에게는 한마디 말도 없이 수정하는 일을 하고 있지는 않는가? 그럴 경우 각자에게 책임을 맡기는 발주 분담이 엉망이 되어 버린다.

점장과 직원의 생각이 다른 경우가 생기는 것은 지극히 당연한 일이다. 문제는 점장의 생각을 강요하는 것이다. 그렇게 해서는 직원의 의욕과 하고자 하는 의지를 꺾어 버리는 결과를 낳게 된다. 직원과 생각이 다른 경우에는 그 생각의 배경이 되는 이유를 서로 이야기해서 생각의 차이가 어디로부터 오는 것인지 명확히 해두는 것이 중요하다.

수집해 온 정보를 구체적으로 상품에 반영하는 단계에서 서로의 생각에 차이가 있는 경우는 상품의 특성과 정보수집 방법의 차이가 원인일 가능성이 있다. 따라서 그 간격을 줄이는 것을 우선해야 한다. 발주 수량을 산출하는 방법에 차이가 있다면 수량을 도출하는 근거에 대해서 반드시 철저하게 서로 이야기를 나누어야 한다.

점장의 의견과 사고방식이 절대로 옳다고 생각하지 말고 직원의 생각을 확인해 봄으로써 새로운 관점에서 시야를 넓힐 수도 있다. 반대로 말하면 발주 담당자의 다양한 의견에 귀를 기울이고 다양한 관점에서 보는 능력을 키우는 것만으로도 점장은 환영받을 수 있다.

9. 검증을 발주담당자 한 사람에게 맡겨서는 안 된다

검증 작업을 담당자 한 사람에게 맡겨서는 안 된다. 결과의 검증이 바로 발주 교육의 근간이기 때문이다. 앞에서 말한 대로, 발주 분담을 하면 담당자와 점장 사이에 의견 차이가 발생한다. 그 차이점을 좁히기 위해서라도 검증 작업이 중요하다.

단품별로 다양한 각도에서 생각을 하고 매장을 만든 결과가 판매 실적이다. 어디에 문제가 있었을까? 왜 그런 매출 결과가 만들어졌을까? 결과의 좋고 나쁨에 관계없이 점장과 직원이 냉정하게 객관적으로 수치를 분석해야 한다.

함께 검증을 할 때에는 좋았던 점은 과감하게 칭찬해주는 것이 본인에게는 동기부여가 된다. 실패가 명확해졌을 때에도 본인을 탓할 것이 아니라 실패의 이유와 이후에 주의할 점에 대하여 정확하게 이야기하는 것이 중요하다.

또한 POS 데이터 결과에 일희일비하지 않고 상품 부문과 점포에 끼친 영향도 이야기를 나눌 필요가 있다. 사고방법의 차이와 개선 방법에 대해서 쌍방이 합의해야 함에 유의해야 한다.

10. 판매 저조 상품을 외면해서는 안 된다

편의점의 발주에서 중요한 것은 판매 저조 상품의 문제를 회피하지 않는 것이다. 상품의 움직임은 시시각각 변화한다. 어제까지 잘 팔렸던 상품이 갑자기 팔리지 않게 되는 경우도 적지 않다. 이런 사태에 재빠르게 반응해서 매장이 진부해지는 것을 예방하기 위해서라도 판매 저조 상품을 찾아내어 그 상품의 배제를 지속적으로 해가는 것이 중요하다.

다만 판매 저조 상품에 대한 판단은 어려운 일이다. 기계적으로 일정한 기준만으로 판매 저조 상품을 특정하는 것은 곤란하다. 하지만 판매 숫자가 계속 떨어지고 있으며 다음주 이후의 발주가 되지 않는(본사의 권장 취소) 상품 등에 대해서는 점포로서도 상품 교체에 적극적으로 임해서 보다 판매 가능성이 높을 것으로 예상되는 상품으로 교체하는 것이 필요하다.

각 편의점 체인들이 매주 새로 판매하는 신상품의 종류를 합하면 적어도 약 100개를 상회한다. 현재 판매 저조 상품과 비교해서 팔릴 가능성이 높다고 생각되는 것이라면 적극적으로 교체를 검토해야 한다.

다만 매장 면적과 진열 스페이스에 한계가 있기 때문에 매장의 변화 없이 신상품 도입을 계속해 가는 것은 사실상 불가능하다. 판매 저조 상품을 매장으로부터 배제함으로써 신상품의 도입이 가능한 것이기 때문이다. 발주 작업이란 상품을 새로 넣는 것이 목적이 아니라 상품을 교체하는 작업이라고 할 수 있다.

발주분담

한 사람이 상품을 담당할 수는 없다

포인트 3

① 발주 분담으로 직원들의 동기가 높아진다.

② 적재적소에 담당을 정하고 순환토록 한다.

③ 후방창고 재고의 보충작업을 사전에 마친다.

발주 분담이 정확도를 높인다

편의점의 발주 업무에서 빠뜨릴 수 없는 것이 작업 분담인데, 그 이유는 편의점의 업태 특성에 기인한다고 할 수 있다.

우선 편의점에서 취급하는 상품은 3,000 아이템이 넘는다. 겨우 40평(132㎡)의 매장에서 3,000 아이템을 취급하기 때문에, 신상품의 경우에도 3~4개의 페이스를 확보하는 정도이다.

또한 상품을 하나씩 보면, 10엔대의 막과자가 있는 반면에 1,000엔 이상의 선물용 상품도 있으며, 날씨 · 기온의 변화로 오늘 팔린 상품이 내일 팔린다는 보장도 없다. 이렇게 작은 금액의 상품 판매가 쌓여서 일평균 50만엔의 매상이 만들어지는 것이다.

편의점은 고가의 상품을 판매하는 백화점이나 대량 판매가 이루어지는 할인점과는 업태가 완전히 다를 수밖에 없다. 이러한 조건 속에서 매상을 만드는 것은 3,000개가 넘는 상품을 자세히 관찰하는 데 있다. 그래도 발주의 마감은 24시간 단위로 이루어진다.

한 사람이 이 모든 것을 다루려 하면 어떻게 해도 부주의하게 될 수밖에 없다. 짧은 발주 시간으로는 발주에 누락이 생기고 발주의 리스크는 높아진다. 상품 하나에 대한 발주 시간을 가능한 확보하기 위해서는 발주 분담을 하는 것이 중요하다. 그렇지 않다면 고객의 니즈에 맞는 상품 구색을 실현하기가 어려워진다.

분담으로 동기가 높아진다

발주 분담은 직원의 동기를 높이는 효과도 있다. 계산과 청소와 같이 단순 반복 업무를 맡기는 것만으로는 직원의 의식과 업무 능력을 높이기가 어렵다. 하지만 발주 업무를 통해 직원에게 책임과 권한을 위임하면 담당 카테고리의 매출을 높이려는 노력과 함께 다른 직원과도 의식적으로 연대하려는 모습을 보이게 된다.

이유는 간단하다. 자신이 인정받고 있다는 생각을 하게 되기 때문이다. 발주를 위임받게 됨에 따라 본인은 우월감과 지위를 느끼게 되고 위임받은 권한과 책임을 완수하겠다는 자세로 변화하게 된다.

「고객의 내점을 촉진하기 위해서는 어떻게 해야 할까?」, 「팔기 위해서 매장의 상태는 어떻게 해야 할까?」 등의 사고에 대해서 직원들이 진지하게 임하게 된다.

도표㉙ 발주분담의 진행방법

본인의 운영능력과 업무의식을 확인함	스태프의 운영레벨과 업무의식을 확인하는 것부터 시작함. 발주를 하고 싶은가 아닌가, 본인이 어떤 것을 생각하며 일을 하고 있는가, 앞으로 무엇을 하고 싶은가, 점포의 매출을 높이기 위해서 무엇을 해야 하는가 등을 들으며 반응을 봄.
발주 · 납품 싸이클에 근무일정을 맞춤	알고 있는 것처럼, 발주업무는 발주 · 납품 싸이클에 맞춘 일정표가 전제가 됨. 담당시키고 싶은 카테고리 발주일에 본인을 근무일정에 넣을까 아닌가를 본인에게 확인할 필요가 있음. 어려운 경우는, 가능한 피해야 하는 경우지만 2인으로 업무를 하게 하는 것도 검토함.
적재적소에 맡길 카테고리를 결정함	일반적으로 가장 많이 사용하고 있는 것, 주요 타깃에 가장 가까운 스태프를 선정해서 카테고리를 맡김. 예를 들어 건어물과 가공식품 등은 언제 팔릴까를 가장 잘 알고 있는 주부가 적합함. 휴대전화 관련 상품과 전기 관련 상품은 남자 고등학생이 적합함.
발주의 프로세스를 반복해서 교육함	숫자의 결과에 대해서 그 이유를 함께 확인함. 정보의 오류, 상품 선택의 오류, 매장전개 방법의 오류, POP의 오류 등인 어느 곳에 문제가 있어서 그런 결과가 된 것인가를 확하며 발주 프로세스를 검증하고 반복해 감.
발주업무를 본인에게 맡김	기본적으로 맡긴 업무는 본인의 책임으로 마무리하도록 함. 만일 발주내용을 수정할 필요가 있을 때에는, 그 이유를 담당자에게 전달함. 또한 담당자의 발주작업을 부정하는 투의 이야기는 하지 않음. 이것은 본인의 동기를 손상시키는 결과가 됨.

그리고 한 가지 더, 간단한 관리자의 역할을 해보는 매니지먼트의 체험이 있다. 발주 업무는 자신이 가설을 세워 그 결과를 내는 작업이다. 결과가 좋으면 하겠다는 의지가 높아질 것이고 나쁘면 그것을 개선하고자 하는 생각에 집중할 것이다. 자신의 능력으로 점포를 운영할 수 있다는 즐거움과 바꾸어도 무방할 것이다.

그렇게 함으로써 다른 직원과의 연대도 강화할 수 있다. 매일 근무일정표에 포함되는 직원은 다르겠지만 일반적으로 편의점에서는 발주 담당과 진열 담당자가 한 조를 이루는 경우가 많을 것이다. A라는 직원이 발주한 상품을 다음날 B라는 직원이 진열하고, 반대로 B라는 직원이 발주한 상품을 그 다음날 A라는 직원이 진열하는 상대적인 관계이다.

그 결과 A는 자신이 담당하는 카테고리의 매장을 B로 하여금 확실하게 만들게 하기 위해서는 B가 발주한 상품도 동일하게 확실히 매장을 만들 필요가 있다는 것을 깨닫게 된다. 발주와 진열의 업무를 통해서 직원간에 서로 돕고 돕는 관계가 만들어지는 것이다. 같은 이야기를 백 번 하는 것보다도 하나의 상품 부문과 발주를 맡겨보는 쪽이 직원의 의식화가 빠르다는 것은 이러한 이유 때문이다.

발주 분담은 적재적소에

실제로 발주를 분담할 때에 생각하는 것은 담당할 업무범위의 설정과 담당자의 선정이다. 기본적인 사고방법은 팔리는 방법과 주 이용고객층 등 카테고리의 공통점을 찾아 엮는 것이다.

예를 들어, 과자부문은 ①껌과 사탕 ②초콜릿과 연관상품 ③스낵과자류와 기타, 생과자와 쌀과자를 빵 담당자에게 맡기는 것이 하나의 방법이다.

가공식품은 ①레토르트 관련상품과 기호상품 ②조미료와 건어물, 통조림, 안주용 먹거리 ③용기면과 미소수프 등의 묶음이 바람직하다.

담당자는 「적재적소」를 선택한다. 이것이 잘못되면 분담의 효과는 반감된다.

예를 들어, 생활감각이나 요리 경험이 없는 남자 학생에게 조미료와 건어물을 맡겨 보면 실생활에서 어떻게 사용되는 상품인가에 대한 이해가 없는 경우가 대부분이다. 이런 경우 POS 데이터의 숫자만 보고 발주를 결정해버리는 것과 같은 경우가 생긴다. 예를 들어 판매수량이 적다는 이유로 밀가루를 커트해버리는 일이 생기는 것이다.

주부 파트사원에게 휴대전화와 전기용품 등의 카테고리를 맡기는 것도 같은 경우이다. 반대로 남학생에게 휴대전화 관련 상품을 담당시키고 주부 파트사원에게는 가공식품을 맡겨야 할 것이다.

가장 그 상품을 잘 이해하고 있고 누가 어떻게 구입하는가에 대하여 이해할 수 있는 직원을 매치하는 것이 점포의 종합 능력을 높이는 것 이상으로 중요하다.

작업 분담에서 점장의 역할

발주 분담에서 점장이 해야 하는 것은 다음날부터의 영업을 예상하면서 가설에 대한 공통적인 정보를 제대로 발주 담당자에게 전달하는 것이다.

실제로 발주를 맡는 것은 근무일정표 상의 직원이라고 생각되지만 가설정보를 알릴 때에는, 계산담당 직원을 제외하고는 모두에게 내일의 날씨와 지역행사 그리고 이러한 조건에서 강화해야 할 상품을 확인시켜야 한다.

특히 생선, 일배상품, 즉석밥류 상품에서는 지역행사와 날씨 · 기온을 전제로 팔릴 수 있는 상품을 예상해서 시간대별 발주에 임하는 것이 기본이 된다.

이 경우에 가설의 전제가 되는 공통 정보 일체를 직원들에게 모두 전달한다. 각각의 직원이 개별적으로 정보를 수집하는 등의 수고를 덜고자 하는 목적도 있다.

또한 모두에게 일괄적으로 가설정보를 전달하는 것은 매장 전체의 균형을 꾀한다는 의미에서도 중요하다. 특히 대체가 가능한 중식상품은 날씨 · 기온 등의 조건에 의해 기호가 변화해서 판매추이도 변화한다.

카테고리의 무게에 따른 방법과 동시에 총수량에 의한 발주량을 예상하는 것도 중요하기 때문에 그 결정을 정보전달 시에 하는 것도 좋다. 이는 발주 결과에 대한 검증작업에도 도움이 된다.

발주교육에서는 판매에 변화가 있었는지, 변화의 이유는 무엇인지, 결과와 원인을 반복해서 확인하는 트레이닝이 중요해진다. 매출이 늘지 않는 이유를 정리해서 필요한 대책을 담당자와 함께 검토한다. 최소 일주일에 한번은 숫자의 검증과 대책검토를 할 필요가 있다.

이때 숫자의 결과에 일희일비하지 않는 것이 중요하다. 날마다 발주되는 일배상품이 아닌 경우는 주별, 월별 단위의 분류가 어떻게 변화하고 있는가를 봐야 한다.

매일 발주되지 않은 상품이라도, 1주간 단위로 폐기와 증감 상황을 보고 폐기가 감소하고 있는 경우는 그 이유가 적정한 것인지, 축소균형에 의한 것인지를 살펴보고 올바른 발주의 사고방법을 교육한다.

상품이 팔리지 않은 경우에는 다양한 조건이 영향을 미쳤을 수 있다. 정보 오류와 상품 선택의 오류, 매장의 상품 전개 오류, POP 오류 등이다. 어디에 문제가 있는가를 알지 못하면 다음으로 이어지지 못하기 때문에 그 프로세스를 반복하는 것이 중요하다.

또한 담당자의 확인 없이는 발주를 수정하지 않는 것도 포인트다. 수정할 필요가 있을 때에는 그 이유를 담당자에게 전달한다. 그렇게 하지 않으면 결국 발주는 점장이 하는 것이 되어 버린다. 어지간한 실수가 없는 한 믿고 맡긴다는 자세를 견지해야 한다.

발주 업무의 직무 강화 방안

실제로 분담화를 진행하는 경우는 4가지의 포인트가 있다.

제1 포인트는 직원의 업무 레벨과 의식의 확인이다. 발주업무를 맡고 싶은가 아닌가, 본인이 무엇을 생각하며 업무에 임하고 있는가, 장래에 어떻게 되고 싶은가, 점포의 매출을 높이기 위해서 무엇을 할 수 있는가 등을 듣고 담당으로서 적임자인가를 판단해 본다.

제2 포인트는 근무 일정의 변경이다. 매일 발주되는 일배상품 이외의 실온 상품은 1주간 몇 회의 발주일이 있다. 그 발주와 납품 사이클에 근무일정표를 맞추는 것이 필요하기 때문에 근무 일정의 변경이 가능한가를 본인에게 확인한다.

제3 포인트는 교육의 순서이다. 점포에 있어 중요한 카테고리부터 시작하는 것이 좋고 직원들의 요청에 따라 결정하는 것도 하나의 방법이다. 다만 복수의 직원을 동시에 교육하는 경우는 습득이 빠른 사람부터 시작해야 한다. 한 사람의 직원에게 쏟는 시간이 지나치면 분담화가 좀처럼 진행되지 않기 때문이다.

제4 포인트는 담당 카테고리의 강화다. 최초는 판매 저조 상품이 적게 발생하고 폐기도 적은 카테고리를 맡긴다. 컵라면과 100엔 과자, 껌, 사탕, 스낵과자류 등 안정적으로 팔리는 카테고리를 담당하도록 한다.

다음 단계에서는 판매기한이 다소 짧은 상품을 맡긴다. 식품이라면 재고관리 등을 가르쳐도 좋을 것이다. 가공식품과 쌀과자, 봉지사탕은 매출이 그렇게 많은 상품은 아니지만 고객층이 넓고 고정고객을 확보하고 있어서 적절한 상품이다. 이러한 상품에 대해서 한정된 매장에서의 페이스 관리와 재고관리 방법을 가르치는 것이다.

예를 들어, 레토르트 카레는 계절변동이 있어 잘 팔리는 상품을 지나치게 늘리면 판매 저조 상품이 나오기 쉬운 특징이 있다. 판매 저조 상품과 폐기 상품이 나오지 않도록 컨트롤하는 방법을 배우도록 한다.

도표㉚ 담당 카테고리별 직무강화 방안

초급	처음부터 실적이 좋지 않은 카테고리를 맡기면 기초가 없어서 문제를 해결할 수 없음. 따라서 컵라면과 100엔 과자, 껌, 봉지사탕 등이 좋음. 판매 저조 상품 발생이 적고 상품 폐기도 적은 카테고리부터 맡김. 안정적으로 판매되고 있는 상품이 좋음.
중급	2주, 3주의 기간에 결과가 나오는 카테고리를 맡김. 또한 식품의 경우는 재고관리 등을 배우도록 함. 매출이 많지 않은 가공식품과 쌀과자, 봉지사탕 등은 고객층 확대를 겨냥한 상품이라서 한정된 부문에서의 컨트롤이 필요하며 판매수량은 한정되어 있어도 고정고객이 있는 경우가 많음. 그 중에서 판매 저조 상품이 발생되지 않도록 하면서 취급 상품 아이템 수를 줄이고 늘리는 기술을 익히도록 함.
상급	상급은 빵과 야채, 조리면, 간편식, 절임류, 과일 등의 유통기한이 짧은 상품으로 2, 3일에 결과가 나오기 때문에 그것을 전제로 상품의 출납이 가능한 것이 포인트. 그 중에서도 판매기간이 짧은 도시락과 삼각김밥 같은 밥류 제품이 가장 어려움. 이런 제품의 발주가 가능하다면 제 역할을 하고 있는 것이라 할 수 있음.
로테이션	담당 카테고리의 로테이션에 대해서는 논의가 필요하지만, 일손부족으로 담당범위가 넓어질 가능성이 높음. 전 사원의 발주를 목표로 조수를 붙여놓을 필요가 있음. 복수의 카테고리 경험이 있는 직원이 많을수록 발주의 감각을 매번 교육할 필요가 없어 교육시간과 발주시간 단축으로 이어지며, 긴급한 발주를 맡기는 것도 가능함.

보다 상위의 단계는 빵과 간편식, 조리면, 절임류 등 유통기한이 짧은 상품을 담당하도록 한다. 2, 3일이면 판매 결과가 나오기 때문에 날씨 · 기온에 대응한 발주와 매장관리를 맡긴다. 가장 어려운 것이 도시락이나 삼각김밥 같은 밥 제품으로 시간관리가 필요 제품이다.

또한 담당할 카테고리의 로테이션도 필요하다면 검토한다.

로테이션에 대해서는 장점과 단점이 있다. 장점은 매너리즘에 빠지지 않고 새로운 시각으로 발주를 할 수 있다는 것이다. 반대로 단점은 적합하지 않은 카테고리를 맡긴 경우 갑자기 대량으로 판매 저조 상품이 발생할 수 있다는 것이다. 담당 카테고리가 바뀌었을 때 종래의 경험으로 발주를 하면 실패를 부를 가능성이 있다. 이런 단점을 보완할 수 있으면 로테이션은 발주를 활성화할 수 있는 방법이라고 할 수 있다.

복수의 카테고리 발주 경험이 있는 직원이 많을수록 교육과 발주의 시간이 절약된다. 어떤 카테고리 발주 담당자가 휴무인 경우를 포함해서 긴급하게 발주를 해야 하는 경우도 이를 맡길 수 있기 때문이다.

백룸 재고의 보충작업을 사전에 끝내놓는다

발주분담을 하는 경우에 있어 1조 4시간 근무 중에 발주 담당자가 발주에 임할 수 있는 시간은 기껏해야 1시간 정도라고 생각된다. 예를 들어, 식품의 경우 객수도 많고 납품시간과도 겹치는 17~22시 발주가 일반적이다. 1개 카테고리에 아이템이 상대적으로 많지 않은 빵 등은 발주에 소요되는 시간이 1시간을 밑도는 수준이지만 발주 소요 시간은 대체로 1시간이 타당하다.

계산대 접객과 계산 등 병행해야 할 다른 작업을 고려하면 그 이상의 시간을 쓰는 것은 현실적으로 어려운 일이다. 또 작업의 전체적인 측면에서도 바람직하지 않다. 결국 이 1시간으로 효과적인 발주를 해야 하는 것이다. 이를 위해서 가설을 세우는 등에 집중해서 질이 높은 발주가 가능하도록 환경을 갖춰야 한다.

발주의 순서를 돌이켜 본다. 예를 들어, 과자와 컵라면의 경우 발주를 하기 전에 후방 창고를 뜻하는 백룸의 재고 상품을 먼저 매장에 진열한다. 발주 단말기의 판매 수량만을 보고 발주를 하면 상품을 채우지 못하는 경우가 생겨서 매장의 볼륨감을 방문고객에게 전달하지 못할 우려가 있기 때문이다.

컵라면은 세로형, 가로형, 미니 사이즈, 빅 사이즈 등 형태와 중량이 다양하다. 같은 2개 페이스로 전개하면 빅 사이즈는 깊이 3개의 진열로 재고가 6개가 되지만, 미니 사이즈는 십수 개의 재고가 가능하다. 그에 따라 발주 수량이 바뀐다면 매장의 볼륨감도 바뀌게 된다.

다음으로 리드타임의 판매 수량을 예측한다. 납품일이 발주일로부터 3일 후인 경우, 판매 수량을 예측한 후 그 사이에 최저 진열량을 유지할 수 있을까를 판단해서 매장의 불륨감을 고려한 발주를 한다.

또한 상품 커트의 필요성과 신상품 도입 상황도 발주량 결정에 추가하여 판단한다. 다음주에 신상품이 들어왔을 때 커트해야 할까, 정상 판매상품으로 놔둬야 할 것인가의 판단이다.

따라서 신상품에 대한 정보를 사전에 알아둘 필요가 있다. 이러한 발주에 관련된 일련의 작업 중에서 가장 시간을 요하는 것이 상품 보충 업무와 백룸으로부터 상품을 꺼내오는 일이다. 발주량을 결정할 때까지 이 작업이 마무리된다면 발주 작업 전체의 시간 단축으로 이어진다.

이를 위해서는 이전 근무조의 직원들에게 백룸 상품의 매장에의 보충 진열과 개선작업이 이루어지도록 해놓아야 한다. 24시간 근무 일정 가운데 발생할 작업내용과 작업량이 크게 바뀔 일은 없다. 다만 어떤 시간대로 나누어 할 것인가의 차이뿐이라고 말할 수 있다.

그렇지만 작업량을 평준화할 수 없으면 특정 직원에게 과도한 부담이 되어 결과적으로 완전한 작업을 하기가 어렵게 되는데 발주 작업도 마찬가지이다.

작업 효율화를 꾀하는 것에는 백룸 창고의 재고 정리정돈이 중요하다. 오리콘[1]에 들어 있는 상품을 백룸에 넣는 것만이 아니라 위쪽부터 상품의 종류와 수량을 알 수 있도록 해둔다. 발주 담당자가 충분한 발주 시간을 확보하지 못하면 숫자를 넣는 것만으로도 힘에 부친다. 시간이 걸리는 것이 반드시 좋은 것은 아니지만 가설을 세울 최소한의 시간 확보는 중요하다.

1_오리콘 배송상품을 넣는 플라스틱 박스.

자동발주

정기적인 체크가 중요하다

포인트 3

① 결품 방지와 일배상품에 집중하는 환경을 갖춘다.

② 보충 발주와 예측 발주라는 2가지 시스템이 있다.

③ 발주시점 관리 등 정기적인 재검토가 중요하다.

자동발주의 올바른 운용방법

식품 등의 카테고리에서는 「자동발주」가 자주 이용되고 있다. 자동발주가 정착된 배경에는 2가지 이유가 있다.

한 가지는 발주누락에 의한 결품을 방지하기 위해서이다. 빈번하게 발주하는 일배상품 등은 발주누락을 생각하기가 어렵지만 일반 식품 등은 상품의 움직임이 더디고 뒷전으로 밀리는 경향이 있어 발주를 잊어버리는 경우가 적지 않다.

또 한 가지 이유는 일배상품의 발주에 전념할 수 있는 환경을 만들기 위해서다.

자동발주를 적용하여 식품 등의 발주시간을 최소화함으로써 다양한 조건에 따라 판매가 변동되는 주력 카테고리인 일배상품 발주에 시간을

도표㉛ 자동발주에서 주의할 상품

아이템	포인트
담배	담배 구입 고객은 자신이 애용하는 상표가 정해져 있어서 대량구매가 발생하는 경우에 주의가 필요. 소비세 증세 등의 시기에도 그렇지만, 일반적으로는 간혹 연금지급일 같은 시기임. 연금을 인출하기 위하여 편의점을 이용하고 그때에 담배를 대량구매하는 경우가 많음. 다른 상품에 있어서도 연금지급일 특유의 매출동향이 있다면 사전에 자동발주의 설정 수량을 바꿔 놓아야 함.
건면	자동발주 대상이 되기 쉬운 가공식품에서는 여름철의 면제품에 주의가 필요함. 여름철 건면의 판매추이는 추석을 전후하여 역전이 됨. 추석 전까지는 소면의 움직임이 많지만, 더위에 관계 없이 추석을 지나면서 소면의 매출은 떨어짐. 우동은 기온이 낮아짐에 따라 우동과 같이 면이 굵은 것을 선호하게 됨.
청소 관련	연말연시의 변화를 주목해야 함. 대청소가 집중되는 연말연시는 주거용 세제 등 청소 관련 상품의 매출이 많지만 새해가 되면서 매출이 멈춤. 만약 설정 수량 누락으로 재고를 갖게 된 경우는, 이사 시기가 겹치는 3월 등에도 매출이 늘어나기 때문에 그 시점에서 재고를 소진하면 됨.
과자	과자와 같이 퇴출과 도입이 빈번한 상품은 새로 들어온 신상품의 매출추이를 확인하는 것이 중요함. 초기 매출이 작고 하강선을 그리는 상품의 경우는 수량을 줄이거나 커트를 하고 뚜렷한 상승을 보이는 경우에는 설정 수량을 확대할 필요가 있음.

※ 일본의 추석은 양력 8월 15일.

쏟을 수 있다는 장점이 있다.

다만 편리한 시스템이 있지만 사용방법이 잘못되면 과다재고와 결품의 위험을 초래하게 된다. 한편으로 자동발주를 가능케 하는 발주 기준을 자주 변경하는 것과 같은 경우는, 일반적인 발주 방법과 다를 것도 없이 오히려 발주 수량을 제한하게 되는 역효과가 커질 수도 있음을 명심해야 한다.

적용해야 하는 아이템의 판단을 포함해서 자동발주의 효과적인 운용방법이 매우 중요하다.

자동발주를 적용할 주요 카테고리는 담배와 일반 식품 그리고 일부 일배식품 등이다. 일배상품과 같이 날씨와 기타 조건에 의해 판매수량의 변동이 있는 아이템에는 적합하지 않지만 일반 가공식품 등 판매가 비교적 안정적인 상품을 대상으로 한 시스템이라고 할 수 있다.

자동발주의 2가지 시스템

자동화 시스템에는 크게 두 가지가 있는데 그 차이점을 이해하는 것이 이를 제대로 활용할 수 있는 전제가 된다.

① 재고량이 기준재고를 밑도는 경우 자동적으로 발주가 이루어짐.

② 과거 일정기간의 판매 수량을 근거로 자동계산이 되는 권장 발주 수량이 지시됨.

이 두 가지이다. 전자는 아이템 별로 발주 기준을 결정하는 작업이 필요하고 후자는 권장 발주 수량에 대해서 확정 혹은 변경 작업이 필요하게 된다. 어느 쪽이든 발주 기준 혹은 권장 발주 수량이 적정한가 아닌가에 대한 판단이 필요하기 때문이다.

실제 운용과정에서 주의해야 할 것은 전자의 발주 기준에 대한 재검토가 필요한 케이스이다. 계절과 이벤트 등으로 판매가 급등하는 경우, 이것을 그대로 놔두면 판매 수량의 저하가 예상되는 데도 불구하고 현재까지의 기준만으로 자동발주를 해버려서 과다재고를 안게 된다.

반대로 판매증가가 예상됨에도 불구하고 발주 기준을 높이지 않으면 기회 로스를 초래할 가능성이 높다.

구체적인 예를 들어보자. 여름철 건면의 자동발주 사례다.

여름철은 8월 중순까지는 소면의 매출이 활발하지만 그후는 기온의 변화가 없더라도 판매가 둔화되는 것이 일반적이다.

이처럼 분명한 계절 변화에 대해서, 이에 따른 발주 기준 변경을 하지 않으면 소면의 과다재고를 안게 될 것이다.

연말연시의 청소 관련 용품도 같은 경우다. 청소 관련 일상용품은, 연말에는 활발하게 매출 움직임이 있지만 새해가 되면 순간 판매가 멈춰버린다. 연말연시의 발주기준을 그대로 두면 재고가 늘어나는 리스크도 높아져 버리는 것이다.

또한 담배는 짝수 달의 연금지급일에 주의해야 한다. 시니어가 편의점의 ATM에서 연금을 인출해서 자신이 좋아하는 담배의 대량구매를 하는 경우가 많기 때문이다. 담배는 어디에서 구입해도 같은 가격이라서 자신이 좋아하는 상표의 제품이 없으면 다른 점포에서 구입을 하는 경우가 많다.

신상품의 자동발주는 요주의

신상품에도 주의가 필요하다. 신상품은 일정 기간 자동발주가 적용되지 않는 케이스도 있지만, 첫주의 판매동향을 봐서 증량 혹은 감량, 필요 여부 등의 발주 기준 변경을 할 필요가 있다.

예를 들어, 도입했을 때에는 매출에 힘이 있다가 그 다음부터 매출 추이가 둔화된 상품의 경우는 기준을 바꾸지 않은 채 발주를 계속하면 과다재고를 떠안게 된다. 정상판매 상품으로 둘 것인가, 커트할까를 재검토해서 발주 기준에 반영할 필요가 있다. 반대로 트위터 등 SNS의 영향으로 판매 수량이 뛰어오르면 그에 맞춰 발주 기준을 늘리지 않으면 안 된다.

편의점에서는 상품의 도입과 커트의 사이클이 빨라지면서 어떤 상품에 자동발주를 적용해야 할지 충분한 검토가 필요하다.

이러한 상품의 계절변동에 대응하기 위해서는 발주 기준을 정기적으로 체크할 필요가 있다. 통상적인 발주와 마찬가지로 가설 · 검증의 매니지먼트 사이클에 따라 적어도 1개월에 1회는 발주 기준 확인이 필요하다.

이를 위한 전제로서 단품별 계절에 따른 변동 정도를 알아두어야 한다. 날씨 · 기온의 변화와 개별 아이템의 판매 동향을 머릿속에 넣어두고 기준의 재검토를 하는 것이다.

또한 발주 기준을 재검토하는 타이밍도 주의해야 한다. 일반적인 발주와 같지만 발주 기준을 확인할 때와 발주를 실행할 때에 커다란 시간차가 있다면 확인 이후에 상품이 팔리게 되고 재고수량이 발주 기준을 밑도는 경우도 일어날 수 있다. 그대로 방치하면 결과적으로 발주를 건너 뛰는 상황이 되어 버리고 기회 로스의 위험이 높아지게 된다.

제 5 장

카테고리별 「발주력」 핵심

도표㉜ 카테고리별 발주 포인트(1)

카테고리	포인트	내용
밥류	시간마다 변화하는 고객의 취향에 대응	밥류 제품은 24시간 동안 기호가 변화하기 때문에 시간대별 발주가 중요. 진열위치에 의해 판매수량이 다르기 때문에, 중점상품의 시인성을 높이는 전개를 함. 냉장도시락을 포함해서 밥류 부문 전체를 한눈에 들어오게 함.
조리면	추석을 지나며 기호가 크게 변화	기온이 올라가면 가는 면이, 떨어지면 굵은 면이 선호됨. 5월 하순부터 조리면의 매출이 활발해지고 장마가 걷히는 당일이 최대 피크가 됨. 추석을 전후해서 매출추이가 변화하기 때문에 주의가 필요.
FF 어묵	철저한 준비로 즉시 제공	점포 준비의 품질을 좌우하는 것이 어묵임. 피크시간대에 맞춰 준비를 하는 것이 기본. 어묵은 식재료의 균형도 중요. 잘 팔리는 것뿐만이 아니라 재료를 균형 있게 전개함.
일배	저녁과 밤 시간대는 다음날 아침식사를 고려함	그대로 먹을 수 있는 상품과 조리가 필요한 상품부터 구성. 대체가 쉽지 않은 상품이 많음. 결품 없이 매장을 유지하는 것으로 여성고객 등이 신뢰하고 이용함. 저녁과 밤 시간대는 다음날 아침식사를 고려해서 전개함.
유제품	냉장음료는 구색 확대	상품구색을 확대해서, 한 면이 되도록 상품부문 전개를 함으로써 시인성을 높임. 유제품과 야채음료는 아침과 저녁이 판매할 기회. 팩제품 우유는 일배상품과 가까운 곳에 진열해서 구매를 촉진함. 디저트와 컬러 컨트롤에 주의.
빵 페스추리	단품관리로 핵상품을 만듬	식사류 빵은 아침식사 수요를 예상해야 함. 결품시에는 손해가 큼. 인기상품을 찾아내어 발주를 늘림. 간편식류와 과자빵류는 조건에 따라 판매수량이 변동되기 때문에, 조건을 폭넓게 고려해서 가설을 세움.
드링크	POS 데이터로 인기상품을 재검증	「선택과 집중」으로 빠뜨릴 수 없는 상품을 찾음. 고객의 기호와 포인트 증정 등의 인센티브 제공에 따라 상품별로 판매추이가 달라지기 때문에 POS 데이터의 검증이 중요함. 기능성 음료 등 건강식품은 전면에 전개하여 시인성을 높임.
빙과류	일기예보를 끝까지 체크	날씨 · 기온에 따라 판매추이와 기호가 변화하는 카테고리임. 평대 집기를 사용하는 점포에서는 상품배치와 재고확보에 주의가 필요. 분류를 의식한 상품배치로 구매가 편리한 매장을 조성.
과자	주요 고객층에 따라 카테고리에 강약을 더함	고객층을 의식해서 소분류 단위로 구색을 검토함. 막과자는 단가는 낮지만 어린이 동반고객의 유인으로 성인구매를 촉진해서 다른 과자의 판매로 이어지는 경우도 있음. 상품교체 시의 조정 카테고리로서 활용도 가능.

도시락

시간마다 변화하는 고객 취향에 대응

밥 관련 상품은 역시 편의점의 주력 상품이다. 그 중 대표라고 할 수 있는 도시락은 소재와 맛, 건강 등 각 편의점 체인별 차별화가 철저해지고 있다. 편의점 상품 중에서는 단가도 높아 객단가를 높이기에 적당한 상품이라고 할 수 있다.

다만, 단가가 높다는 것은 폐기에 따른 리스크도 커지기 때문에 도시락을 2개 폐기하는 것만으로도 폐기 로스가 1,000엔을 넘게 되는(판매가 기준) 것도 그리 놀랄만한 일이 아니다. 결국 점포의 입장에서 보면 하이 리턴[1]인 동시에 하이 리스크[2]의 상품이라고 할 수 있다.

그런 이유로 도시락을 얼마나 제대로 판매하는가가 편의점에 있어서는 매우 중요한 일이다.

우선, 밥 관련 제품에서 중요한 것은 24시간 동안 고객의 기호가 변화한다는 것이다. 도시락 상품을 세분화하면 아침식사, 점심식사, 저녁식사, 야식의 4가지가 있다. 각 편의점 체인마다 납품 시간과 납품 시간대를 구분하는 편수는 다르지만, 하루 2편의 납품 시간대로 구분하는 체인이라면, 아침 · 점심과 저녁 · 야식으로 구분한다.

1_하이 리턴(high return) 투자에 대한 회수 속도가 높다는 의미로 여기서는 빠른 판매의 뜻.
2_하이 리스크(high risk) 위험 부담이 높다는 의미.

다양한 시간대에 따라 중점적인 상품을 결정해서 그 재고를 충분히 확보하고 시인성이 높은 눈높이의 위치와 냉장 쇼케이스의 최하단에 진열하는 것이 중요하다.

예를 들어, 아침식사는 삼각김밥에 중점을 두고 점심식사는 도시락과 생선초밥 등의 밥 관련 상품, 저녁식사는 부피가 큰 도시락, 야식은 가벼운 소용량 도시락의 수요가 높다.

자신의 점포에서 사용된 방법과 고객층 등을 고려해서 다양한 시간대에 가장 큰 상품을 주력으로 매장을 만들 필요가 있다. 단순히 납품 수량의 많고 적음이 아닌, 요일과 시간대의 수요에 맞춰 매장을 만드는 것이다.

가장 기본적인 상품이 모듬도시락이다. 원래 가부키[3] 등의 연극을 볼 때 막간의 휴식 시간에 먹던 것이 도시락으로 정착된 것인데, 상하지 않을 조림 반찬을 가득 담은 것으로 밥이 식은 그대로도 맛있게 먹을 수 있다.

편의점에서는 계절에 따라 달라지는 메인 요리와 반찬을 담은 상품이 판매된다. 모듬도시락은 점심부터 저녁에 걸쳐 판매가 증가하는 상품이다. 아침식사로 먹을 수 있는 것은 종류가 적은 편이지만 반찬이 가득하고 따뜻하지 않은 채로도 먹을 수 있는 무난한 상품으로서 점심과 밤시간 대에 구매하는 고객이 늘어나고 있다.

고기덮밥 등의 덮밥류 상품은 어떨까? 요시노야[4] 등의 외식 체인업체도 있지만, 남성고객이 많은 편의점에서는 전자레인지로 데우면 모든 시간대에 걸쳐 수요가 일어나는 상품이다. 하지만 작은 사이즈가 없는 게 단점이다. 여성고객이 많은 점포에서도 남성고객이 많은 시간대에는 작은 사이즈의 상품을 최소한으로 압축, 구색이라도 갖추어야 한다.

이처럼 다양한 특성에 대응해서 시간대별로 상품을 골라 매장을 전개하면 판매 수량을 늘리는 것이 가능해진다.

최근 매출이 늘어나고 있는 것이 냉장도시락이다. 20℃의 상온 도시락 매대와는 달리 도시락 진열을 한눈에 볼 수 있는 매대를 만드는 것이 중요하다. 오픈 쇼케이스에 이웃하게 한다면 높이를 맞추는 것이 필요하고 오픈 케이스와 평대 케이스에 나누어 진열하는 경우는 POP 등으로 고객들에게 알리는 수단을 준비해야 한다.

도시락은 진열하는 장소에 따라 판매 수량의 차이를 보이는 상품이다. 눈에 띄지 않는 선반에 진열할 경우, 발주를 늘려도 고객의 손에 닿을 기회가 줄어들고 폐기 로스로 이어진다.

도시락 진열집기의 폭은 약 120cm이다. 정면에서 매대를 보는 경우, 양쪽 끝에 진열된 상품은 눈에 들어오기 어렵다. 따라서 가장 팔고 싶은 상품을 중앙에 두고 그 상품을 중심으로 우선 순위가 높은 상품을 순서대로 좌우에 진열할 필요가 있다. 매대의 재고가 줄어가면 순서대로 중앙으로 옮겨 진열해 다음 납품 전까지 가능한 매진이 되도록 하는 정교한 매장 관리가 필요하다.

3_가부키(歌舞伎) 17세기 초부터 시작된 일본 에도 시대의 민중극. 남성배우로만 공연한다.
4_요시노야(吉野家) 돈부리(일본식 소고기덮밥)로 유명한 일본의 외식체인점.

조리면

추석을 넘어서며 기호가 바뀌는 데 주의

매입 상품 중심인 슈퍼마켓에서도 조리면의 구색이 늘어나고 있다. 편의점에서는 오리지널 상품의 강점을 살려 판매를 강화할 필요가 있다.

편의점의 조리면은 「중화냉면」「메밀면」「우동」「소면」의 4가지로 나뉜다. 조리면의 특징은 날씨와 기온, 습도 등의 변화에 따라 판매수량이 크게 변화한다는 것이다.

예를 들어, 기온이 높아지면 면의 굵기가 가는 소면이, 기온이 낮아지면 굵은 면이 선호된다. 달력의 날짜와 관련이 있고 추석 시기를 지나면 기온이 높아도 굵은 면이 선호되는 경향을 보인다. 타이밍을 놓치면 리스크도 커지지만 타이밍과 상품을 맞추면 큰 매출을 기대할 수 있는 상품이다.

도표㉝은 기후 조건에 따른 조리면의 트렌드를 들여다 본 것이다. 5월 하순부터 기온상승에 따라 조리면의 매출이 좋아지는데, 이때 팔리는 상품은 우동과 냉모밀이 중심을 이룬다.

6월이 되면 각 지역이 장마에 돌입한다. 이때 중요한 것은 습도와 기온의 관계이다. 체감적으로 찜통 더위가 심해지면 담백하게 먹을 수 있는 식품 수요가 높아진다. 새콤한 국물 맛의 중화냉면과 소화가 잘 되는

도표㉝ 조리면의 판매 트렌드 (전년 대비 추이)

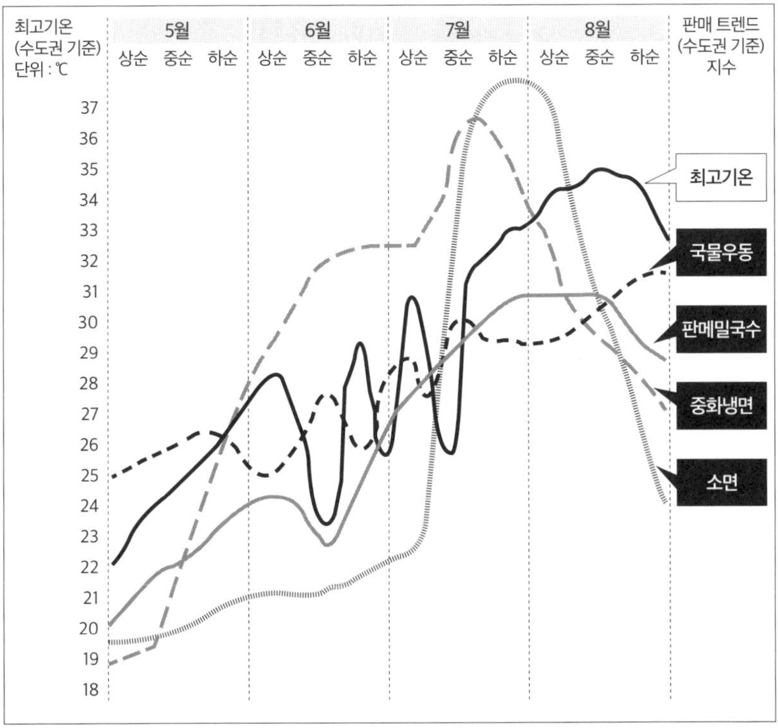

소면의 매출이 나타나기 시작한다.

6월은 아직 본격적인 더위가 시작되지 않아서 기온과 습도를 잘 살펴 구색을 결정해야 한다. 다만 주의할 것은 조리면의 움직임이 시작되면 막상 발주가 소극적이 되기 쉽다는 것이다.

1년 중 조리면이 가장 잘 팔리는 때는 장마가 끝나는 당일이다. 따라서 그날에 맞춰 충분한 재고를 확보하는 것이 중요하다. 특히 일기예보에 주의해서 적극적으로 판매에 집중해야 한다. 하지만 8월 중순을 넘으면 소면과 중화냉면의 판매는 갑자기 감소한다. 추석을 넘으면 기온이 높아도 이런 상품의 매출은 늘지 않는다.

판 메밀국수와 차가운 우동 등은 8월 하순까지 판매가 안정적이라서 재고를 단번에 줄이면 조리면 판매가 갑자기 늘어날 경우의 대응은 불가능하다. 시기를 가늠하면서 상품을 적절하게 바꾸어 가는 과정이 중요하다.

FF 어묵 즉석 제공의 준비 포인트 3

카운터 FF는 대부분이 오리지널 상품이며 내점 동기를 부여하는 핵심 상품이라고 할 수 있다. 그 중에서 튀김류 상품은 재료 자체가 최종적인 품질 평가로 이어지는 경우가 많아서 점포 측이 관여할 여지가 한정되어 있다.

그에 반해서 즉석어묵은 매뉴얼 대로 준비를 해도 국물의 관리(지속적인 보충, 맛의 조정)와 적절한 조리도구 사용, 그리고 식재료 양을 얼마나 균형 있게 맞추느냐에 따라 맛이 크게 달라진다. 확실히 같은 맛을 유지하는 것이 어려운 상품이지만 점포운영 다음으로 차별화가 가능하다. 고객 측면에서는 한번 마음에 들면 반복 구매가 늘어나는 특징이 있다.

즉석어묵 판매에서는 재료 준비가 매우 중요하다. 재료를 투입한 후 언제가 가장 맛있는 상태가 되는지 그 시간을 자세히 살펴서 준비를 시작하는 시간을 결정해야 한다.

즉석어묵이 팔리는 시간은 점포의 입지에 따라 다르지만 일반적으로 18시~23시 사이이다. 이 피크 시간이 시작되기 전에 맛있는 상태가 되도록 해놓는 것이 중요하다.

다만, 언제나 같은 시간이라고 단정할 수는 없다. 날씨와 기온의 변화에 의해 피크 타임의 시작과 끝이 어긋나는 경우는 식재료 투입 시간을 늦춰서라도 피크 타임에 맞추는 유연성이 필요하다. 물론 평일과 주말도 피크 시간대는 달라진다. 즉석어묵은 그 운영을 유연하게 하는 것으로 판매 기회를 만드는 상품이라고 할 수 있다.

두 번째 포인트는 국물의 조정이다.

「매뉴얼 대로 준비를 해도 팔리지 않는다」라는 이야기를 자주 듣는다. 매뉴얼 대로 준비를 해도 팔리지 않는다면 올바른 국물 맛을 직원들 모두가 알고 있는지를 먼저 확인할 필요가 있다. 진정으로 반복구매 고객을 만들고자 한다면 좋은 평가를 받을 수 있는 맛의 수준을 계획하는 것이 중요하다. 이를 위해서는 모든 직원이 자신이 근무하는 점포의 즉석어묵 맛을 이해하고 그것을 유지해야 하는 것이다.

만약 여유가 있다면 즉석어묵의 판매가 본격화되기 전에 저녁부터 밤

시간대 근무에 해당되는 직원을 중심으로 「준비과정에 대한 교육」을 하는 게 좋다.

편의점은 직원의 이동이 워낙 심해서 교육모임을 매년 가져야 한다. 저녁과 밤 시간대의 직원들간 연대와 상호 소통을 원활하게 하면 어묵 이외의 상품 판촉에도 좋은 영향을 미치게 된다.

세 번째 포인트는 식재료의 균형이다. 즉석어묵을 좋은 먹거리로 인식하게 만드는 요소이다.

즉석어묵은 식재료의 균형과 맛의 깊이를 표현하기가 어려운 상품이다. 예를 들어, 무와 계란은 반드시 위쪽에 넣지만 그것은 다른 재료로 만든 국물에 향을 섞어 맛의 깊이가 나오게 하려는 의도이다.

균형을 생각해서 재료를 용기 내에 배치하는 것이 즉석어묵의 맛을 좋게 하는 비결이다. 구체적으로 보면 어묵튀김과 대롱어묵, 튀김볼 어묵, 반달형 어묵찜 등 국물 맛을 내는 반죽 어묵류의 재료를 무와 계란에 가깝게 두어 찜과 같은 상태가 되도록 하면서 무와 계란에 국물이 배도록 한다. 인기가 좋다고 해서 무와 계란만 잔뜩 넣어도 맛은 좋아지지 않는다. 준비할 때에 특히 어묵 반죽류는 익히지 않은 것을 넣어 무와 계란을 맛있게 해주는 것이 매우 중요하다.

일배상품

저녁과 밤 시간대는 다음날 아침식사를 의식할 것

일배상품은 이제부터 편의점의 중요한 고객층이 되어갈 주부 고객과 시니어 고객의 집객을 위해 빠뜨릴 수 없는 카테고리이다.

상품을 알기 쉽게 하는 것을 포인트로 해서 매대를 구성하는 것이 가장 중요하다. 도시락과 조리면의 경우 판매수량이 적지 않지만, 그래도 상품이 제각기 흩어져 진열되어 있으면 무척 구매하기 어려운 상품이 되어 버린다.

우선, 구매해서 바로 먹는 상품과 조리가 필요한 상품으로 나눈다. 그대로 먹을 수 있는 상품은 낫토[5]와 두부 등이며 조리가 필요한 상품은 면 제품 등이다.

다음, 저녁과 밤 시간대에는 다음날의 아침식사를 고려한 매장을 만드는 것이 중요한 포인트가 된다. 일배상품의 특징 중 하나가 다른 상품으로 대체가 되지 않는다는 것이다. 삼각김밥의 경우, 매실 삼각김밥이 없으면 연어 삼각김밥으로 대신할 수도 있지만 일배상품은 구색의 폭이 좁고 아예 없기도 해서 결품이 되면 급한 대로 다른 상품으로 대체하는 것이 불가능하다. 반드시 매일 발주를 해서 정해진 위치에 진열해 놓아

5_낫토(納豆) 콩 · 누룩에 소금물을 타서 발효시킨 일본식 청국장.

도표㉞ 카테고리별 발주 포인트(2)

카테고리	포인트	내용
초콜릿	계절상품은 일시에 준비함	신상품에 대한 기대가 높은 카테고리. 계절한정과 기간한정 등 희소성을 소구해서 전개하는 것도 하나의 방법임. 입지에 대응한 구색도 중요하고 허기를 채우는 상품수요가 많음.
사탕	상품기능을 이해하고 발주	사탕은 계절에 따라 기호가 바뀌는 상품. 매대의 스페이스가 작지만 기능과 이용고객층으로 나누어 매대를 정리함. 기능성 상품은 선반 1개로 전개. 고령자와 어린이 대상 상품은 진열대의 하단에 진열.
100엔 과자, 스낵	매대의 확대 · 축소에도 적절	100엔 과자는 매대의 확대 · 축소 시에 임기응변으로 전개. 쌀과자는 시니어를 겨냥해서 낱개 포장상품을 강화함. 구색의 안정을 중요시함. 스낵은 신상품의 도입을 적극 추진하고 대용량 상품도 전개.
가공식품	조미료는 중량에도 주의해서 발주	여성 고객과 시니어 고객의 이용을 촉진하는 전략적 카테고리. 취급이 어려운 농수산물은 기능을 명확히 전개. 요리를 이미지로 만들어 연관 상품의 제안을 강화함. 조미료 등 지역상품의 구색도 중요함.
주류	적절한 정보전달로 니즈를 탐색	빠른 속도로 회전되는 맥주, 칵테일 소주를 제외하면 상품구색의 폭이 경쟁력이 됨. 풍미와 원재료 등의 기준으로 매대를 갖춤. 요리와의 연관성 강조 등 정보발신으로 판매를 강화함.
계절잡화	계절의 시작에 재고를 확보	화분증 대책과 보습대책 등의 계절상품은 다른 업태에 앞서 계절의 시작 시점에 재고를 확보해서 매대를 전개함. 기능과 효능을 이해한 상태에서 상품구색을 결정함.
문구 펫 용품	매대를 한면으로 만들어 판매촉진	소형 상품이 많아서 상품진열로 한 면을 채워 상품군을 명확히 하는 것이 중요. 문구 쪽의 부의봉투는 지역성을 고려함. 휴대전화 관련상품은 모든 기종에 대응한 구색으로 편리성을 높임.
연말상품	타이밍을 맞춰 권장판매	각 점포 공통상품인 연하장 엽서는 인쇄서비스와 함께 소구함. 인쇄서비스는 인기 있는 패턴을 명확히 함. 설날요리와 선물 등 판매시점에 앞서는 상품은 적절한 타이밍으로 소구를 강화함.

야 고객이 안심하고 구매하게 된다.

편의점의 일배상품은 상품구색이 점차 확대되는 추세이지만 슈퍼마켓과 비교가 되지 않는다. 최소한의 필요 구색을 항상 갖추어 놓아야 뒤이어 오는 판매 기회를 잡을 수 있는 것이다.

유제품 디저트 냉장음료는 구색 넓혀 연결 판매로 유도

우유와 유제품은 야채음료 등을 포함해서 구색이 풍부하기 때문에 매대 진열에서 볼륨감을 만들기 쉬운 카테고리다. 판매시간대도 길며 특히 아침과 저녁 시간대가 기회가 된다.

매장 구성에서는 구색을 넓히는 것이 포인트이다. 컵에 담긴 커피와 야채음료, 유제품 등을 묶어 한 면의 매장을 채움으로써 매대와 상품구성을 알기 쉽게 한다.

신상품도 빈번하게 발매되기 때문에 신상품의 진열 페이스를 확대하는 것으로 매대의 시인성을 높이면 다른 상품과 함께 눈에 들어오게 된다. 1리터 팩 우유는 바로 눈에 띄게 일배상품에 가까운 위치를 확보해 연결 구매를 촉진하는 것이 매우 중요하다.

편의점의 오리지널 상품 중에서도 인기가 높은 디저트 상품은 고객들에게 높은 인지도를 가진 상품들이다. 아일랜드 쇼케이스와 다단 오픈 케이스에 진열하는 것이 일반적이지만, 기본적으로 신상품과 중점상품의 진열 페이스를 넓혀, 보기 쉽게 진열하는 것이 중요하다.

시인성을 높이고 컬러 컨트롤[6]로 맛에 대한 이미지 연출을 한다. 선반에 시트를 까는 것도 효과적이다.

빵 페스추리

단품관리로 핵상품을 만든다

빵 · 페스추리는 식사용과 간식용으로 나뉜다. 식사용 빵은 식빵과 롤빵, 간편식빵 등이다. 이러한 제품의 발주에 대해서는 제대로 관심을 갖지 않는 것이 현실이다. 특히 식빵과 롤빵은 아침식사용 등 가정에서 소비가 많은 상품으로서 대체가 어렵고 결품을 일으키면 점포의 신용을 떨어뜨리는 상품들이다.

다만 단순히 발주량을 늘리기만 하면 폐기도 늘어날 수 있기 때문에 인기상품으로 압축을 해서 결품을 방지해야 한다. 상품선정은 점포 인근의 고객 가족구성과 연령층에 따라 선호하는 종류가 다르기 때문에 어떤 상품의 재고를 유지할까를 신중하게 검토할 필요가 있다. POP 등으로 「이 빵은 매일 준비합니다」라고 호소하면 고정고객을 만들어 가는 것이 가능해진다.

간편식 빵과 과자빵은 기호와 날씨 · 기온, 급여일 등의 조건에 의하여 판매수량이 크게 변화하기 때문에 조건을 폭넓게 잡아 가설을 세울 필요가 있다. 매일 같은 종류의 빵이 같은 수량으로 팔린다는 것은 거의 불가능하다. 그 정도로 기호성이 강한 상품이라고 할 수 있다.

매일 전부를 팔아 0의 상태에서 발주를 한다는 것은 현실적으로 불가능하다. 적어도 수개월 단위로 판매수량을 담보할 수 있는 핵상품을 만들어 가는 관점이 중요하다.

또한 과자빵류 중에는 안정된 판매수량이 확보되는 상품도 많이 있다. 예를 들어 팥빵, 잼빵, 크림빵, 코르네[7] 등이 그것이다.

고객은 자신이 좋아하는 상품이 없으면 다른 정상판매 상품을 구입하는 경우도 많다. 때문에 재고 유지가 가능한 발주를 함으로써 고객이 다른 상품까지 추가로 구입하게 만들어 빵 부문 전체의 매상을 늘리는 계획을 세워야 한다.

기호성이 높은 빵은 고객을 싫증나지 않게 하면서 주목할 만한 상품을 매일 교체하는 것으로도 판매수량이 늘어나는 기회가 생긴다.

6_컬러 컨트롤(color control) 동일 상품군에서 색상이 서로 배치되는 제품을 교차 진열해서 상품의 시인성을 높이고 상품군을 돋보이게 하는 진열 기법.

7_코르네(cornet) 프랑스 사람들이 즐겨 먹는 나팔 모양의 파이 과자.

드링크

POS 데이터로 인기상품을 재검증한다

소프트드링크는 편의점에서 가장 이익을 많이 내는 상품이지만, 팔리는 대로만 놔두면 고객의 손이 그다지 가지 않는 카테고리에 속한다.

「갈증을 없애려고」「잠을 깨려고」「긴장을 풀려고」「입 안을 산뜻하게 하려고」「수분 보충을 위해서」 등 고객은 다양한 이유로 소프트드링크를 구매한다. 회사원의 경우 출퇴근 시와 근무 중, 휴식시간, 야근시간 등의 시간에 따라 구매가 가능하고, 그때마다 찾는 상품은 달라진다.

구색도 풍부한 편이다. 탄산음료와 미네랄워터, 차(녹차, 브랜드 차, 우롱차, 홍차 등), 커피, 야채 · 야채즙 제품 등 상품도 다양하다. 또한 커피음료는 블랙과 무가당, 미당[8], 가당, 카페오레 등으로 세분화되어 있다.

이처럼 다양한 기호와 폭넓은 구색 가운데 고객에게 제안할 수 있는 상품은 어떤 것일까? 매대에 명확한 컨셉트를 표현하는 것이 필요하다. 다른 말로 표현한다면, 소프트드링크는「선택과 집중」이 절대적으로 필요한 상품인 것이다.

소프트드링크는 약 90cm 폭에 세로 3~4칸의 리치인 쇼케이스[9]에 100~110 아이템의 상품이 진열된다. 이 중에서 무엇을 팔 것인가를 선택해야 한다.

상품 선택에는 POS 데이터의 검증이 중요하다. 소프트드링크 매장에서는 페이스가 협소해도 잘 팔리는 상품과 페이스를 확대해도 팔리지 않는 상품이 항상 발생한다. 고객의 기호를 철저하게 검토해서 매대를 구성해야 하는 이유이다.

제조업체와 브랜드에 대한 기호에도 주의해야 한다. 특정 제조업체와 브랜드로 인기가 집중되는 경우가 있기 때문이다.

또한 소프트드링크는 포인트 카드의 포인트 환원과 간편식인 중식 등과의 할인세트 판매, 피규어[10] 증정 판매 등 제조업체에 의한 판촉이 빈번한 카테고리이기도 하다. 때문에 제조업체와 브랜드의 판촉에 대해서 항상 높은 관심을 갖고 있어야 한다. 보너스 포인트는 10~20 포인트가 가산되는 경우가 많고, 이를 시작으로 고객이 지금까지 구입하던 제조업체와 브랜드를 바꾸는 경우도 적지 않다.

매대 전개에서는, 리치인 쇼케이스의 경우는 도어를 열고 바로 집을 수 있는 위치에 인기상품과 팔아 치워야 하는 상품을 진열해야 한다. 거기부터 멀어지는 순서로 매출이 떨어지는 상품과 우선순위가 낮은 상품을 진열해간다.

페이스에서는, 기능성이 강한 상품을 제외하면 기본적으로 2개 페이스 이상의 전개가 필요하다. 190g 캔커피의 경우 90cm 선반 1개에 12

8_미당 설탕을 아주 미량 첨가한 제품.
9_리치인 쇼케이스(reach-in showcase) 음료수 전용의 유리 도어가 달린 냉장 진열케이스.
10_피규어(figure) 다양한 동작이 가능하도록 만들어진 만화 캐릭터, 사람, 동물 등의 축소 모형.

개 페이스로 전개가 가능하다. 선반 1개에 2개씩 6종류의 상품 진열이 가능하다는 계산이 나온다. 1리터 이상의 페트병 제품은 1페이스 진열을 기본으로 함으로써 가능한 많은 구색으로 폭을 확대한다.

건강기능성음료 등의 화제성 상품은 발매 시기와 입지에 대응해서 선반 1단으로 전개하는 것도 필요하지만, 언제까지라는 판매기간 한정으로 전개하다가 인지도가 높아지면 다시 원래의 정상 매대로 돌려놓을 필요가 있다.

빙과류 일기예보를 끝까지 체크할 것

아이스크림은 기온과 날씨의 영향을 많이 받기 때문에 날씨가 불안정하면 전년 실적을 유지하기가 어려운 상품이다. 또한 기온에 따라 고객의 기호가 변화되어 기온이 높을 때는 빙과류가, 낮을 때는 아이스크림류가 선호된다.

아이스크림은 기온 · 날씨의 예상을 전제로 구색을 명확히 할 필요가 있다. 상품구색이 어중간한 경우 많은 기회 로스가 발생하게 된다. 예를 들어, 기온이 갑자기 높아져 고온다습한 날씨가 계속되면 아이스크림이 일제히 팔리기 시작해서 갑자기 품절을 초래하는 사태가 발생하기도 한다.

발주 시점에 충분히 재고가 있다고 생각해서 발주수량을 줄여버린 경우, 납품 시점까지 재고가 완판되어 결과적으로 새로 납품되는 수량조차도 부족해지는 경우가 있다. 특히 8월 15일 무렵까지는 재고량을 0으로 재조정해서 발주할 필요가 있다. 그 정도로 기온의 변화에 민감한 상품이라서 매일 발주를 마감하는 시점에 이를 때까지, 끝까지 일기예보를 확인하는 등 가능한 정확한 발주 판단이 요구되는 카테고리이다.

나 역시 다음과 같은 실패 경험이 있다.

한여름에 기온이 높아지는 것을 무시하고 딸기맛 빙수라는 가장 잘 팔리는 상품을 이틀간이나 결품시켰던 경험이 있다. 일기예보와 재고량을 만만하게 여겼던 것이다. 발주할 때에 분명히 빙수가 40개 정도 있었고 다른 상품의 재고도 많아서 냉동고에 더 이상 들어갈 수 없을 것이라 판단했던 것이다.

결과적으로 빙수 40개는 발주일 당일에 완판되고 다음날 1배송에 20개가 납품되었으나 이것도 한번에 완판되었다. 그리고 다음날 4배송으로 대략 80개의 재고가 남았던 것으로 기억된다. 그해 여름은 그렇게 덥지 않았고 기온이 불안정한 상황이 계속되어 저온에 대응한 아이스크림 상품을 많이 갖고 있었기 때문에 빙과류는 쇼케이스에 재고를 전부 넣을 수 없다는 생각에 빠졌던 것이 실수의 시작이었다.

아이스크림의 발주는 정확한 정보를 입수해서 과감한 가설에 의해 대담하게 재고를 확보하는 것이 중요하다. 아이스크림은 보관장소가 냉동

고와 냉동 리치인 쇼케이스에 한정되어 재고를 충분히 갖고 있기가 어려운 상품이다.

그런 까닭에 기회 로스가 발생하지 않도록 적절한 재고관리를 위한 훈련에 적합한 상품이기도 하다. 정해진 스페이스에 과다 재고를 만들지 않고 기회 로스도 발생시키지 않으면서 기온의 변동과 고객 기호의 변화를 파악해내면서 매일 발주를 하는 것이 아이스크림이다.

다음으로 생각할 것은 평대 쇼케이스의 상품 할당이다.

냉동 평대 쇼케이스는 상품을 관리하기에는 적합한 집기이지만 진열에 관해서는 제약이 많다. 아이템이 늘어나는 여름철에는 판매저조 상품 배제와 상품 교체가 어려운 점이 있다. 아이템이 지나치게 늘어나는 경우에는 진열 스페이스에 여유가 없어서 한 줄에 3, 4개 아이템의 상품을 넣어야 하는 경우도 있다.

원래는 아이스크림류와 빙과류, 바, 샤베트, 모나카 아이스크림 등의 분류로 묶어 진열할 필요가 있지만 스페이스 확보가 어렵기 때문에 어디에 어느 분류가 있는지 알 수 없는 상태로 방치하는 점포도 적지 않다. 부주의하면 납품 때마다 분류별 진열이 무너져버려 고객이 상품을 찾기 어려운 매장이 되기 십상이다. 사전에 분류별 묶음과 선반할당을 표시한 레이아웃을 준비해서 주 단위로 레이아웃을 바꾸는 등 항상 분류별 진열을 유지하는 교육을 하는 게 바람직하다.

과자

주요 고객층은 카테고리 조절로 관리

과자는 내점 동기가 되는 매우 중요한 상품이다. 따라서, 어떤 고객층을 늘리고 싶은가, 어떻게 구색을 확대할 것인가를 소분류 단위로 검토할 필요가 있다.

예를 들어, 어린이 고객을 늘리고자 한다면 완구 과자의 구색을 확대하고, 고령자가 많은 점포에서는 낱개포장의 쌀과자를 늘리면 좋을 것이다. 상품과 고객층의 매치를 정확하게 이해해서 내점동기 제공의 하나로써 과자를 취급해야 한다.

껌, 타블릿(정) 껌은 회사원과 영업용 차량 운전자를 겨냥해서 강화해야 하는 상품이다. 하지만 같은 껌이라도 고객에 따라 선호하는 상품이 차이가 난다. 운전자라면 민트 계열 맛을 찾는 사람들이 많고, 전철 이용 고객을 위해서는 민트 계열 이외의 상품구색을 확대해야 한다.

또한 고객의 연령층에도 주의가 필요하다. 50세 이상의 고객이 많은 점포는 타블릿 타입의 껌이 그다지 선호되지 않는다. 나이가 들수록 치아가 약해져 껌을 씹는 것이 힘들기 때문이다. 따라서 고령자 고객이 많고 껌의 판매가 저조할 때는 판껌의 구색을 시도해 봐야 한다.

반대로 젊은 고객이 많은 경우에는 강하고 자극적인 맛의 구색을 늘리는 게 좋다.

어린이 과자와 막과자는 「충동구매」를 유도할 수가 있고 곤도라도 부족해서 진열 스페이스를 확대하는 점포를 자주 보게 된다. 옛생각을 떠올리는 중년층과 고령층의 고객들이 충동구매를 하기 때문에 그러한 상품의 구색을 갖추는 것이 중요하다.

봄방학, 여름방학, 겨울방학 전에는 어린이를 겨냥한 상품과 어른을 위한 상품을 함께 진열해서 어린이에게는 새로움을, 어른들에게는 추억을 유도하는 것으로 점포에 대한 충성도를 높이는 것이 가능하다. 또한 이중에는 단가가 낮고 판매수량을 늘리기 쉬운 상품도 있다.

하지만 어린이 과자의 매대를 확대해도 매상을 크게 늘리는 것은 무리다. 10엔의 상품은 10개 판매해도 100엔에 불과하기 때문이다. 초콜릿 과자와 스낵과자에 비해서 판매효율이 지극히 낮은 상품인 것이다.

따라서 고객을 잘 관찰해서 매대의 스페이스와 구색을 결정해야 한다. 1년 내내 진열되는 상품이라서 상품의 교체시기에 매대 확장이나 축소를 위한 조정수단으로도 이용할 수 있다. 매상 확보에는 매대 연출을 위한 공부가 필요하다. 점포 POP와 디스플레이에 보다 좋은 분위기를 연출하는 전개도 병행해서 검토하는 게 중요하다.

막과자 매대도 적극적으로 활용해야 한다. 「목적구매」를 유도할 수 있도록 고정고객화를 계획하고, 막과자 이외의 상품구입으로 연결될 가능성도 높기 때문이다.

매장의 체크 포인트는 경쟁점을 포함해서 상품 구성을 자주 확인하고 결품 상품과 누락된 카테고리가 없는지, 가격적인 균형을 확보하고 있는지 등이다. 매장의 매력이 없으면 구매로 연결되지 않기 때문에 적어도 경쟁점과 비교해서 1개라도 더 많은 상품의 취급을 권장하면 좋다.

초콜릿 계절상품은 단숨에 준비

초콜릿 제품은 계절 영향을 받지만 신상품에 대한 기대치가 높은 상품이다. 따라서 신상품은 반드시 도입을 하고 적극적으로 어필해야 한다. 계절한정과 기간한정 상품은 희소성을 강조하면서 전개하는 것도 하나의 방법이다.

계절상품은 시즌이 되기 바로 전에 완판을 해내는 것이 기본이다. 따라서 POP로 「계절한정」을 강조해서 구매의욕을 환기시키면 좋다. 상품회전이 중요한 상품이므로 상품의 교체를 철저하게 해야 한다.

또한 입지에 의한 매장전개와 상품구성을 검토하는 것이 중요하다. 사무실이 많은 지역에서는 입이 심심하거나 배가 출출할 때 먹기에 적당한 과자 수요가 매우 높다. 책상 속에 넣어둘 사이즈의 초콜릿과 비스킷에 대한 니즈는 매우 높다. 최근에는 야근을 할 때나 기분전환을 위한 휴식시간에 과자를 먹는 사람이 늘어나고 있다. 그런 점에서도 오피스 근무자들을 위한 대응으로 포켓 사이즈 상품의 전개가 중요하다.

반대로 주택이 많은 입지에서는 어린이 간식과 집을 찾는 손님을 위해 내놓는 차와 곁들여 먹는 과자의 수요가 높기 때문에 대용량이지만 낱개 포장으로 되어 있는 상품 니즈가 높다. 상품의 패키지는 조금 크다 싶은 것이 선호된다.

이처럼 초콜릿과 포켓 비스킷 등은 입지와 고객층에 의해 상품구성이 결정되기 때문에 자기 점포 입지, 내점 고객 등을 잘 검토해서 대책을 세워야 한다.

사탕 스낵 상품의 기능을 이해하고 발주

캔디(봉지, 막대)는 상품의 기능을 이해하고 전개하는 것이 중요하다. 고객이 찾는 기능이 계절에 따라 바뀌기 때문에 그 변화에 대응하는 것이 필요하다.

목캔디와 소금맛 캔디, 과일 맛, 소프트캔디, 옛날 맛 그대로의 왕사탕 등 상품마다 특징은 다양하다. 상품의 특성과 기능을 알지 못하고 판매하면 타깃이 되는 고객층의 니즈와 어긋나게 된다. 또한 매대가 넓지 않아서 바로 상품을 발견할 것이라 생각하기 쉽지만 그것은 점포 멋대로의 생각일 뿐이다. 목캔디와 기능성 캔디는 선반 한 단을 써서 캔디를 기능별로 나누어 진열하면 상품을 쉽게 찾을 수 있게 된다.

100엔 과자 외 매대 확장과 축소가 쉬운 특징을 활용할 것

이 부문의 상품은 유력 NB 제조업체가 생산하는 경우가 많으며 차별화를 꾀할 수 있는 부문으로 인식하는 것이 중요하다. 동시에 NB상품과의 적절한 배분과 신상품의 어필 방법을 포함해서 어느 정도 통일감 있는 매대로 구성하는 것이 포인트이다.

「100엔 과자」의 검토 과제는 적지 않지만 장점은 과자 매장에서 확대와 축소가 가장 쉬운 품목이라는 데 있다. 계절이 바뀔 때에는 과감하게 확대를 시도하고, 신상품 등으로 NB상품을 교체해야 할 시기에는 축소를 꾀하는 등 교체를 부드럽게 하는 것이 중요하다. NB상품의 동향을 확인하면서 고객에게 볼륨감이 부족하거나 상품구색이 협소하다는 인상을 주지 않도록 자연스럽게 운영해 가야 한다.

한편 쌀과자와 감자칩, 봉지스낵 등은 내점 고객의 연령대에 따라 상품구색과 매대 전개에 큰 차이가 발생한다. 타깃이 되는 고객층에 따라 상품의 움직임과 상품에 대한 니즈가 전혀 다르다는 것을 이해해서 다양한 특성에 맞도록 매장을 전개한다.

구체적으로는, 고령자가 많은 경우는 쌀과자 중심으로 구색을 갖추고 반대로 젊은 층이 많은 점포에서는 감자칩 등을 확대할 필요가 있다. 쌀과자는 고령자의 내점 동기가 되는 상품이다. 고정매출 제품으로 안착하기까지는 시간이 걸리지만 고정고객이 만들어지면 안정된 매상을 기대할 수 있다.

따라서 쌀과자는 신상품에 너무 휘둘리지 않게 하는 것이 포인트다. 안정적으로 판매되고 있는 상품은 교체를 적극적으로 할 필요가 없다. 단, 고정고객이 적으면 상품의 교체를 할 수 없어 상품이 매대에 남게 되고 상품 사이즈가 커서 진열 스페이스의 효율이 떨어진다. 다른 상품에 비해 이동이 어려운 단점도 있는데 무엇보다도 고정고객화가 포인트이다.

감자칩과 봉지스낵 등은 신상품의 도입과 눈에 띄는 위치로의 진열이 기본이지만, 기호성이 강한 상품에 따라 판매 추이가 달라진다. 또한 제조업체의 개발경쟁도 심해서 어떤 상품이 자신의 점포에 맞는지 판단하기 어려운 상품이라고 할 수 있다.

예를 들어, 정상 판매상품이 잘 팔리고 있어도 같은 시리즈의 상품이 반드시 팔릴 것이라고 단정할 수는 없다. 최근에는 맛이 다양해짐에 따라 맛을 이미지화하기 어려운 상품이 늘어나고 있어 시식을 준비하는 것도 좋다. 맛을 알 수 있다면 한번 사보려는 사람들이 많아질 수밖에 없다.

또한 감자칩 등은 낱개포장이 들어있는 상품이 적고 쌀과자는 낱개포장된 상품이 많다는 점도 포인트다. 쌀과자를 좋아하는 고령자의 경우, 상품을 뜯어 한번에 이를 전부 먹어버리는 경우는 많지 않다. 녹차를 담아두는 곳에 과자를 남겨두는 경우도 많아, 방습제가 들어 있는 전병 등의 쌀과자가 있다면 안성맞춤이다.

하지만 감자칩 등의 상품은 혼자서 소비하는 경우가 대부분이라 연말연시 등의 긴 휴가기간 전에는 대용량 사이즈도 확실하게 갖춰둘 필요가 있으며 봉지스낵도 똑같다.

구운과자는 기호성이 강해서 빵과 가벼운 식사 대신 구입하는 경우도 적지 않다. 진열하는 위치도 빵과 기호품에 가깝지만 과자로 분류하기는 어려운 상품이다. 하지만 편의점 체인별로 오리지널 상품도 많으므로 차별화 상품으로 강화해야 한다. 조명이 설치된 곳의 바구니 등에 진열해서 고급스러움을 어필하는 것으로 충동구매를 유도하는 것도 하나의 방법이다.

가공식품 조미료와 지역상품 중량에도 주의할 것

가공식품은 조미료, 건어물과 말린 농산물, 기호품, 캔 상품, 진미, 주류, 라면, 미소 수프, 수프류, 레토르트 식품 등 그 범위가 매우 넓은 부류의 상품이다. 점유면적이 넓고 아이템이 많지만 매출구성비는 낮다는 특징이 있다.

그렇지만 주부와 여성, 시니어 등 새로운 고객층을 끌어들여야 하는 편의점에 있어서는 슈퍼마켓을 대신하게 할 중요한 상품이라고 할 수 있다.

가공식품 가운데서도 알기 어려운 것이 건어물과 말린 농산물이다. 일부 상품을 제외하면 이용 기회도 한정되어 있어서 구색을 갖추는데 어려움이 많을 수밖에 없다.

건어물과 말린 농산물의 전개는 기능을 명확히 하는 것에 힘써야 한다. 상품 중에서 건어물과 콩은 지역 특성에 의해 구색 폭이 달라진다. 콩은 대두, 소두, 콩가루는 필수상품이지만 검정콩, 강낭콩은 지역에 따라 소비량 차이가 있으므로 자신의 점포에 수요가 있는가를 확인할 필요가 있다. 특히, 가까운 곳에 시니어 고객이 많은 경우에는 주의가 필요하다.

무말랭이와 말린 표고버섯은 크기와 중량으로 구분해 상품을 늘어놓으면 매대 균형이 흐트러지는 경우가 있다. 또한 본사의 권장상품은 규격을 확인해서 진열을 검토할 필요가 있다.

건어물에는 날김과 조미김, 김밥용 김 등과 김 상품 외의 미역, 다시마, 파래 등도 있다. 이러한 상품은 구체적인 요리를 이미지로 만들어 구색을 갖추는 것이 좋다. 예를 들어, 김밥을 제안해서 말린 표고버섯과 말린 박고지, 날김 등을 함께 진열한다. 제공하는 구색의 상품을 활용해 무엇을 만들 수 있을지 전달하는 것이 포인트이다.

편의점이 슈퍼마켓보다 구색에서 열세인 것은 이러한 건어물과 말린 농산물 상품 때문이다. 슈퍼마켓과 같은 구색을 하는 것은 어려운 일이지만 김밥과 오코노미야키[11] 등의 구체적인 요리를 이미지화해서 연관 상품을 함께 갖추어 놓으면 편리한 점포로 이용될 기회가 당연히 많아지는 것이다.

NB상품 제조업체의 상품개발이 활발해서 PB상품 아이템이 늘어나고 있는 조미료도 구색에서 골치 아픈 부류의 상품이다. 50ml~1리터까지 있는 간장은 선반의 간격과 균형도 골칫거리라서 구색과 진열위치를 세밀하게 검토할 필요가 있다.

조미료 부문에서는 설탕, 소금, 식초, 간장, 된장이 기본상품이지만 이것은 지역 특성을 보여주기 쉬운 상품이다. 슈퍼마켓 특매일에는 편의점의 반값에 가까운 가격으로 판매되는 경우가 많아서 편의점에게 커다란 핸디캡이 되는 것은 확실하다.

하지만 지역상품의 구색도 중요하다. 지역상품은 취급하지 않고 본사 권장상품에 의존한 구색은 상품이 팔리지 않는 중요한 원인의 하나이다. 예를 들어, 된장은 나고야 지역에서는 빨간 된장이 인기가 있지만 그 외의 지역에서도 보리된장과 콩된장, 누룩된장, 백색 된장 등이 인기가 있다. 지역에 파고들기 위해서는 지역밀착 머천다이징이 필요

11_오코노미야키(お好み焼き) 밀가루 반죽에 양배추, 계란, 돼지고기 등을 얹은 일본식 지짐.

하다.

중량에도 주의가 필요하다. 독신자 세대와 고령자 세대가 상권 내에 많은 경우는 1리터가 아니라 500ml 간장을 갖추도록 한다. 된장도 1kg이 아니라 500g 상품을 많이 갖추는 등 인근 슈퍼마켓의 구색도 자주 확인하면서 자기 점포의 구색 폭을 결정하면 좋을 것이다.

이처럼 가공식품의 구색에 대해서는 지방특성을 충분히 고려해서 가장 많이 사용되는 상품을 중심으로 지역밀착을 철저하게 추구하는 것이 향후 매장 만들기에 중요한 일이다.

주류 확실한 정보전달로 니즈를 찾아준다

와인은 구색을 충실하게 함으로써 고객의 내점동기를 확실하게 하는 상품이다. 하지만 구색과 제대로 된 매대를 유지하지 못하는 점포도 적지 않다.

와인의 어려운 점은 우선 상품이 알기 어렵다는 것이다. 유명 NB상품은 고객이 알기 쉬운 경우가 많고 상품정보가 적어도 용도에 맞춰 구매가 가능하다. 다만, 고객에게만 의존하는 판매방식으로는 매상을 높이는 데 한계가 있다.

NB상품 이외의 와인도 산지와 색깔, 맛, 제조업체 등이 다양해서 유명 업체의 상품이 아닌 이상, 같은 상품을 실제로 다시 보게 되는 경우는 많지 않다. 직원도 상품을 알지 못한 상태에서 구체적인 안내가 없으면 고객도 구입을 망설이게 된다. 소주 등의 증류주와 일본주도 같은 경우에 해당된다.

편의점에서 취급하는 양주는 위스키와 브랜디 중심이다. 점포에 따라서는 보드카, 럼, 데킬라 등의 스피릿[12] 종류도 있지만, 위스키와 브랜디 몇 가지만을 취급하는 점포 쪽이 일반적인데 이들의 진열을 보면 점포가 이를 골칫거리로 생각하고 있음을 알 수 있다.

위스키와 브랜디는 종류가 다르지만, 그것을 섞어서 진열하고 있는 점포들이 있다. 마치 「주류에 대해서는 알지 못합니다」라고 말하고 있는 것 같다. 상품분류를 이해하고 진열을 통해 상품을 구분해 놓는 것은 주류의 기본이다.

와인은 산지와 색깔(적, 백, 로제), 보디[13](풀, 미디엄, 라이트)로 매대를 정리해 놓는다. 매대에서 상품을 알기 어려우면 선택이 힘들어져 구매를 멈춰 버리는 경우도 있다. 구매를 했는데 생각했던 것과 다르면 진열과 설명이 불충분했다는 점에 불만을 갖게 된다.

하지만 상품정보를 적극적으로 제공하고 와인을 마시는 상황에 맞춰 상품 제안을 하면 와인의 매출은 다시 늘어날 여지가 크다. 전문점을 제

12_스피릿(spirits) 알코올 도수가 높은 위스키, 보드카, 진, 럼 등의 증류주.
13_보디(body) 적포도주의 맛, 무게, 농후한 정도 등을 표현하는 와인 전문용어.

외하면 어떤 점포도 거기서 거기라고 말할 만큼 대부분 비슷하기 때문이다.

주변의 편의점과 슈퍼마켓 중에서 상품 제안을 제대로 하고 있는 점포가 얼마나 있을까? 상품의 특징을 적은 POP가 있어도 「맛이 풍부하고 향이 좋음」, 「산뜻한 맛」 등의 맛에 대한 정보에만 그친다. 고객이 가장 필요로 하는 요리와의 조합을 제안하는 경우는 거의 눈에 띄지 않는다.

예를 들어 전골요리와 튀김, 냄비요리, 생선회 등 와인의 종류에 맞는 요리를 알려주는 것이다. 그 점포는 당연히 구매하기 쉬운 매장이 된다. 구매 후 즉시 자택으로 돌아가 마시는 경우가 많은 편의점의 특성상 어울리는 요리와 안주에 대한 정보가 특히 중요하다.

식사주라고 불리는, 식사 시 반주로 어울리는 다른 주류도 마찬가지다. 인기가 높은 일본 소주도 고구마, 보리, 쌀, 검정 사탕수수 등으로 원재료가 달라 각각의 맛에 어울리는 요리 제안이 중요하다. 또한, 와인은 맥주에 비해서 마시는 빈도가 낮아서 와인에 필요한 비품의 제안도 중요하다. 스크류캡[14] 타입의 와인도 늘어나고는 있지만 그래도 코르크 마개 오프너도 연관진열을 하면 좋을 것이다.

와인은 팔리는 시기가 한정되어 있지만 팬이 생기면 반복구매도 충분히 기대할 수 있다.

14_스크류캡(screw cap) 돌려서 여는 마개.

계절잡화

계절의 시작 타이밍에 재고를 확보한다

「팔리지 않아서」

「알지 못해서」

「우선순위가 낮아서」

잡화는 이런 식으로 생각하기 십상이다.

확실히 종류도 많고 내용도 알기 어려운 카테고리이다. 매상도 낮은 편이라 최소한의 양으로 진열해도 무방하다는 것도 틀리지 않은 이야기이다. 그러나 과연 그럴까?

잡화는 취급하기 어려운 상품이다. 자신의 점포 고객에게 맞추어 상품을 갖추는 것이 일배상품보다 어려울지도 모른다. 구색을 매치시켰다면 고객분석이 매우 뛰어났다고 칭찬해도 좋을 것이다.

잡화 판매에서는 당연한 것이지만, 최적의 구색을 찾아 상품 전개를 철저하게 하는 것이 중요하다. 이것을 제대로 할 수 없기 때문에 잡화 취급이 힘들어지는 것이다. 일배상품이라면 구색의 재검토를 당연히 필사적으로 하겠지만 잡화에서는 그런 노력 없이 감성만으로 구색을 하고 있는 경우가 많다.

잡화 판매에는 2개의 포인트가 있다. 하나는 계절의 시작 시점에 재고를 확보해 매장을 만드는 것이다. 편의점의 잡화는 드럭스토어 등과 정면으로 부딪힐 경우 구색과 가격에서 이길 수가 없다. 편의점이 우위에 있는 것은 편리성이다. 드럭스토어가 갖추지 않은 상품으로, 계절의 시작 타이밍에 상품을 확실히 매장에 전개해서 확대될 가능성이 보이는 수요에 대응하는 것이다.

예를 들어 추동 계절잡화에서는 핸드크림과 바디크림 등의 보습계열 상품과 정전기 방지 스프레이, 마스크 등 건조한 날씨에 대비하는 상품이 해당된다.

상품 부문 전개도 중요하다. 상품을 도입해도 해당 부문의 시인성이 약하면 매출은 변화가 없다. 도입 시에는 시즌 중의 판매량을 한번에 매입해서 엔드와 정상상품 매대에 페이스를 확대할 필요가 있다. 시즌 도중에 추가발주를 하겠다는 선택을 해서는 안 된다.

겨울 방한용품도 같다. 타이즈와 손난로, 장갑과 레그 워머[15], 목도리, 발열내의 등은 계절을 상징하는 상품으로서 빠른 시기에 매장에 진열한다. 계절이 시작되기 전에, 기온이 아직 따뜻할 때부터 눈에 띄게 해서 적극적으로 어필하는 것이 매우 중요하다.

상품을 보는 안목도 요구된다.

예를 들어 추동의 시기에 사용되는 마스크는 감기예방과 건조한 날씨에 대한 대책상품이 중심이다. 화분증 대응용 상품과는 다른 것이다. 마스크라면 무엇이든 좋은 것이 아니라 기능과 효능을 잘 이해해서 구색을 갖추어야 하는 것이다.

15_레그 워머(leg warmer) 종아리 보온을 위하여 착용하는 양말의 한 종류.

문구
펫 용품

매대를 한 면으로 구성 알기 쉬운 매장으로

일용잡화의 뒤쪽에는 편의점에 없으면 안 되는 상품이 진열되어 있다. 바깥쪽(잡지 매대의 통로 쪽) 매대보다는 내점하는 고객에게 구색을 맞춰 상품을 보기 쉽게 함으로써 상품을 고를 수 있도록 구성할 필요가 있다.

펫 푸드는 개와 고양이, 금붕어, 조류 등 다양한 종류가 있는데 전부를 취급할 수는 없다. 고양이를 위한 상품은 고양이의 기호가 확실해서 어떤 상품을 진열하는가에 의해 판매추이가 크게 달라진다. 한정된 매대에서 매상을 최대화하기 위해서는 고객의 니즈를 찾아내 가장 적절한 구색을 갖출 필요가 있다. 물론 소형견을 위한 변기용 모래, 고양이용 모래 등은 필수 상품이다.

알기 쉬운 매장을 만드는 것도 대단히 중요하다. 개와 고양이, 기타 코너로 분류해서 언제나 그 자리에 같은 상품이 있도록 하는 것이 포인트다. 특히, 펫 푸드는 선호하는 상품이 있어 정기적으로 구입하는 고객이 많은 상품이다. 몇 번이나 구입한 고객에게는 알기 쉬운 구색과 매대의 구성이 중요하다.

뒷면의 매대는 크기가 작은 상품이 많은 것도 특징이다. 문구, 건전지, 흡연용품 등이 전형적인 상품이다. 이런 상품은 하나의 면이 되도록 상품을 구성해서 시인성을 높이는 것이 매우 중요하다. 필기구는 볼펜과 샤프펜슬, 매직펜과 사인펜, 마카 등으로 나뉜다. 고객이 쉽게 알 수 있도록 각각 나누어 진열한다.

색상과 굵기, 유성과 수성, 젤 방식 등 용도에도 주의가 필요하다. 잘 팔리는 검정과 적색 볼펜을 최상단 좌측에 두고 다른 상품을 그 우측에 진열한다.

학생 고객이 많은 점포에서는 샤프펜슬과 형광펜 등을 최상단의 좌측에 진열해도 좋다. 청소년과 어린이 고객이 많은 점포는 팬시한 상품의 취급도 반드시 검토해야 한다.

편의점에서는 급하게 찾는 상품이 있다. 문구 중에서는 검정색 굵은 펜이다. 경사는 일정이 예정되어 있지만 조사는 갑자기 생긴다. 이 경우에 쓸모가 있는 것이 편의점이다. 실제로 부의봉투가 없는 점포는 없을 것이다. 또한 그 지역의 풍습을 정확히 이해해서 조의봉투 등의 구색도 결정해야 한다.

기업체가 많은 점포와 주택지 점포, 도로변의 점포는 찾는 상품에 차이가 있다. 기업체가 많은 지역에서는 글씨를 쓸 종이가 장식처럼 달린 다용도 부의봉투는 필요가 없다. 회사 차원의 경우, 그런 타입의 봉투는 상가에서 실례가 될 가능성이 있기 때문이다. 사장과 부장, 담당자까지 같은 부의봉투는 있을 수 없다(일본의 경우는 직급, 나이 등에 따라 봉투의 종류가 차이가 나기도 한다. 역자 주).

반대로 주택이 많은 지역에서는 다용도 타입의 상품이 범용성이 있어 편리하다. 이러한 구색이 바로「쓸만한 점포」의 조건이 된다.

진열에서는 방향에 주의해야 한다. 경조사 봉투는 위 아래 선반 간격을 줄여서 진열하는 경우가 많지만, 봉투 앞 써진 글자가 선반에 가려서는 상품을 바로 확인할 수 없다. 보면 바로 용도를 알 수 있게 상품별로 진열에 대한 공부가 필요하다.

건전지와 흡연용품도 같은 원리로 매대를 구성하면 고르기 쉽고 구매하기 쉬운 매장이 된다.

최근에는 휴대전화와 스마트폰 종류가 크게 늘어나 충전 관련 상품의 종류가 크게 늘어나고 있다. 이런 상품에 대해서도 기종 등을 상세하게 분류해서 진열할 필요가 있다. 그 경우, 모든 기종에 대응한 상품구색이 중요하다. 어느 하나의 결품만으로도 급할 때 소용없는 점포 이미지를 갖게 되기 때문에 세심한 주의를 기울여야 한다.

연말용품

타이밍을 맞춰 권장판매하기

기후불순 등으로 최대 피크인 여름철을 놓치게 되면 그것을 만회할 수단은 한정되어 있다. 통상적인 매장 상품으로 떨어진 매출을 극복해서 여름철을 상회하는 이익을 만들어 내는 것은 매우 어려운 일이다. 만약 그런 기회가 있다고 하면 그것은 연말연시의 예약상품이다. 적극적인 준비와 영업으로 대처한다면 점포의 판매력을 현격하게 높이는 것이 가능하다.

예약상품의 스타트는 「연하장」이다(일본은 아직도 많은 사람들이 연하장을 주고 받고 있으며 이를 편의점에서 주문하는 경우가 많다. 역자 주). 우선, 이 상품의 판매를 철저하게 하는 것이 중요하다.

연하장은 수수료 수입이 한정되어 있다. 하지만, 매상에서는 100매를 판매하면 담배 1보루를 상회한다. 또한 연하장은 전국 어디에서나 1매에 52엔이다. 누구도 가격 차이에 의한 불리함은 없다. 어디서 사더라도 같은 상품이라서 대처를 잘하면 많은 판매가 가능해진다.

하지만 연하장만으로는 한계가 있다. 거기서 함께 권장하는 것이 「연하장 인쇄 서비스」다. 최근에는 집이나 사무실에서의 컴퓨터 인쇄가 확산되어서 연하장 인쇄를 맡기는 손님을 받는 것도 간단하지는 않다. 또한 점포가 생각하는 이상으로 상품과 서비스가 알려져 있지 않는 것도 사실이다.

인쇄 서비스를 효과적으로 어필하기 위해서는 인기상품의 안내가 포인트다.

연하장 인쇄용 카탈로그를 보면 2도 인쇄, 4도 인쇄, 흑백인쇄의 방법 외에도 다양한 인쇄 패턴이 있어서 주문방법이 쉽지 않은 측면이 있는 것도 부정할 수 없다. 따라서 추천 디자인을 각각 분류별로 1~2종류를 결정해 두고 「우리 점포의 추천상품, 인기 높은 디자인입니다」라고 알리는 것으로 판매 기회가 확대될 것이다.

엽서+인쇄를 몇 세트 판매할 수 있을까가 예약상품의 매상을 크게 좌우한다.

이에 대해서 설날 먹는 전통요리인 오세치 요리[16]와 크리스마스 케이크, 새해 선물 등은 가격이 높아 은근히 신경 쓰이는 것들이지만 연하장+인쇄 세트에 비해서도 판매에 어려움이 그리 높지는 않은 편이다. 연하장의 주문을 받은 고객에게 인쇄가 완료된 상품을 찾으러 왔을 때 가장 구입 가능성이 높은 연말상품을 권유하면 좋을 것이다.

예약상품은 수요가 늘어나는 시기가 각각 다르다. 연하장은 발매일인 11월 1일 전후와 12월에 들어서는 12월 1일 전후가 가장 수요가 많다. 크리스마스 케이크는 12월 10일 정도까지 예약을 확정해야 하는 상품이다. 새해 선물은 12월 15일까지로 증정과 답례를 끝내고자 하는 상품

16_오세치 요리(御節料理) 일본의 에도 말기부터 생겨난 풍습으로, 재료마다 염원을 담아 만든 조림요리를 화려하면서 차갑게 만든 전통음식. 정초 3일간 가족들이 함께 먹는다.

이고, 새해 첫날의 전통인 오세치 요리는 12월 15일~20일이 예약 상품을 가장 많이 찾아가는 기간이다.

연말연시 상품의 예약영업은 11월 초부터 스케줄을 상세하게 짜서 각각의 상품에 대해서 자기 점포의 추천상품을 결정해두고 고객에게 부드럽게 어필하는 것으로 판매 기회를 넓혀 간다.

에필로그

경쟁점이 아니라 고객에 집중하세요!

세븐일레븐의 발주력을 중심으로 발주의 중요성과 그 대응책을 설명했는데 어떻습니까.

발주는 점포의 입장에서 보면, 복잡하고 어려운 「고객의 니즈」와 싸우기 위한 준비작업이며 그에 대한 대처가 자기 점포의 매력을 크게 좌우한다고 해도 과언이 아닙니다. 적절한 구색과 발주(재고)가 확보되지 않으면 어느 정도 점포가 뛰어나고 계산대에서의 접객이 대단해도 고객은 만족하지 않습니다. 매상이 가파르게 늘어나지 않고 업태간의 경쟁이 격화되는 시대이기 때문에 발주력을 빼놓을 수 없는 것입니다.

이것은 협소한 점포인 편의점에 국한된 것은 아닙니다. 슈퍼마켓과 드럭스토어, 전문점과 할인점 등 다양한 업태에 모두 해당되는 것이라고 할 수 있습니다. 고객의 니즈에 대응해서 판매저조 상품과 결품을 만들지 않고 상품 폐기를 피해서 매출을 최대화하기 위해서는 발주 정확도 향상이 필수입니다. 발주력 강화 없이 점포의 성장은 없습니다.

그렇지만 편의점에서 발주 정확도를 높이는 것에는 커다란 과제들이 몇 개나 있습니다.

혼자서는 커버할 수 없는 상품의 산적함, 시간과 날짜로 폐기 컨트롤을 하는 상품 관리의 어려움, 자기 점포 니즈에 맞는 상품구색 폭과 깊이의 확보, 또한 적절한 발주수량 결정의 프로세스, 무엇보다도 점포운영과 경쟁점 등 다양한 요소를 확인하는 어려운 작업이라고 할 수 있습니다.

이런 과제를 극복하고 스스로 해결한다면 점포의 번영이 약속된다고 믿어도 좋습니다.

점포들마다 조건은 다르겠지만 기본은 같습니다.

모두가 싸워야 하는 상대는 업태 안팎의 경쟁점이 아닙니다. 지금 오고 있는 고객이 자기 점포의 상품에 만족해서 구입하고 있는가? 그 고객 니즈와의 싸움입니다. 구입해서 좋았다고 생각할 수 있는 상품구색을 갖춰 두지 못한다면 고객은 바로 경쟁점으로 흘러가 버리게 됩니다.

이 책을 읽은 여러분의 점포가 점점 번영하고 고객으로부터 신뢰를 받는 데 일조한다면 무한한 영광이 될 것입니다.

Believe-Up 대표 시노다 요지

옮기고 나서

한국 편의점의 실무에 보탬이 되길…

오랜 시간 소매업계에 종사해 왔으면서도 사실 편의점은 그렇게 큰 관심을 끄는 업태는 아니었다. 젊은 시절 일본에서 생활하던 시절에는 '왜 우리는 이런 곳이 없을까' 하는 생각을 하며 집앞 편의점 이용을 무척이나 즐겼었지만 아무래도 나이가 들면서 자주 들르는 곳이 아니었던 게 이유일 것이다. 하지만 최근에는 한국에 출장을 오면 숙소 앞 편의점을 하루가 멀다 하고 들르게 된다. 그런 점에서 편의점이 젊은 층만을 위한 점포는 아니라는 생각을 하게 된다.

마침 이 책에서도 앞으로 일본 편의점이 기존의 남성 고객 위주에서 여성과 노년층으로 고객층이 확대될 것이라는 내용이 나오는데 충분히 공감이 간다.

편의점에서 가끔 새로운 상품을 발견하는 경우도 있지만 아직은 일본의 편의점과 달리 슈퍼마켓 상품과의 차별화가 그리 크지 않은 것 같고, 미국에서 RTE(Ready-To-Eat) Meal로 불리는 가정간편식 HMR(Home Meal Replacement) 상품의 종류도 많지 않으며, 경쟁 업체간 차별성도 부족해 보여 한국의 편의점에 대해 아쉬움을 느낄 때가 많다.

번역에 앞서 이 책을 읽어 가면서, 국내 편의점을 이용할 때마다 관심을 갖고 상품의 변화나 진열 위치, 진열 상태, 상품의 결품 정도, 그리고 종사자들의 근무 모습을 유심히 관찰하게 되었다.

이 책을 단순히 읽는 것을 넘어서 번역하고 출간까지 결심하게 된 계기는, 인구 대비 편의점 숫자가 일본을 추월한 지금도 국내에는 변변한 편의점 관련 실무서적이 없다는 것을 확인하고 관련 업계 종사자들에게 작은 도움이라도 되고 싶었기 때문이다.

내가 살고 있는 미국은 체인 편의점을 발견하기가 그리 쉽지 않다. 오늘날 편의점의 시초가 된 세븐일레븐이나 샌드위치 같은 먹거리를 처음으로 제공한 편의점인 와와(Wawa)가 있기는 하지만, 우리가 편의점이라고 부를 수 있는 점포는 오히려 주유소에 달린 점포가 보다 일반적이다. 자동차로만 주로 이동할 수 있는 미국의 사회문화적 특징 때문인데, 그로 인해 상품의 구성도 일본이나 한국, 대만 등의 아시아 국가와는 많이 다른 편이다.

하지만 일본 세븐일레븐은 세계 최강의 소매업체라고 할 수 있어 경쟁업체는 물론 타 업태를 압도하는 그들의 운영 노하우를 조금이라도 소개할 수 있어 기쁜 마음이 든다.

이 번역서의 출간에는 많은 분들의 도움이 있었다.

부족한 제가 이런 기회를 갖도록 은총을 주신 하느님께 먼저 감사의 기도를 드린다. 그리고 아직도 부족한 아들을 걱정하고 기도해주고 계실 어머니께, 이렇게 누군가에게 작은 도움이라도 줄 수 있게 키워주셨음에 감사의 인사를 드린다. 아울러, 이번 번역서를 출간해주신 더 바이어의 임동준 국장님과 신규섭 본부장님 그리고 한국HMR협회의 김진락 국장님께 감사를 드린다.

또한 변함없이 내 곁을 지켜주고 내게 삶의 목표와 용기가 되어주는 아내와 딸 채린이에게 고맙다는 말을 전하며 이 외에도 한국의 많은 지인들에게 감사의 인사를 전한다.

2018년 12월 뉴저지에서
손대홍

편의점 성공기법 33

발행일 | 2019년 2월 20일 초판 1쇄

글쓴이 | 시노다 요지(信田洋二)
옮긴이 | 손대홍
발행인 | 전정희
발행처 | HNCOM
등　록 | 321-2009-000118

주　소 | 서울시 서초구 방배천로 2길 12 사조빌딩 3F
전　화 | 02-3487-7901~2
F A X | 02-3487-7903
www.withbuyer.com

ISBN 978-89-963719-9-1 13320
값 18,000원

이 도서의 국립중앙도서관 출판예정도서목록(CIP)은 서지정보유통지원시스템 홈페이지(http://seoji.nl.go.kr)와 국가자료공동목록시스템(https://www.nl.go.kr/kolisnet)에서 이용하실 수 있습니다.